Wolfgang Georg

...Leben!

eine Reise durch vergangene Kulturen

Autor: Wolfgang Georg

Herausgeber: Wolfgang Georg

Bibliografische Information der Deutschen Nationalbibliothek:
Die Deutsche Nationalbibliothek verzeichnet diese Publikation in
der Deutschen Nationalbibliografie; detaillierte bibliografische
Daten sind im Internet über dnb.dnb.de abrufbar.

Herstellung und Verlag: BoD – Books on Demand,

Norderstedt

ISBN 9783755768623

Inhalt

Vorwort

Die vorliegende Erzählung ist in acht Kapitel gegliedert, die acht Zeitaltern entsprechen. Das Vorwort reißt diese acht Zeitalter kurz an.

Paläolithikum/Altsteinzeit

Die Archäologie präsentiert uns zahlreiche Funde aus der Altsteinzeit. Fundorte sind meistens Höhlen, aber nicht, weil die Menschen in Höhlen gelebt haben, sondern nur weil in Höhlen abgelagerte Artefakte die Zeiten überdauert haben. Da finden wir Faustkeile, Kratzer, Schaber, Klingen und viele andere Dinge, die nur mit größter Phantasie eine menschliche Nutzung erkennen lassen.

Wie konnten die damaligen Menschen ihre Grundbedürfnisse befriedigen?

Grundbedürfnisse, wie Beschaffung und Zubereitung von Nahrung, finden und sichern von Wohnstatt und Schutz vor der Unbill des Wetters.

Darüber kann man nur spekulieren. Vor allem deshalb, weil das Paläolithikum, soweit wir es übersehen können, durchweg in die Eiszeit fällt. Es ist leicht zu verstehen, dass Wetterschutz sicher die größte Herausforderung dieser Zeit war.

Ich habe versucht im ersten Kapitel „Altsteinzeit" eine Antwort auf diese Fragen zu finden. So vage sie auch ausgefallen ist – könnte es so gewesen sein? Dabei weiß ich noch nicht einmal, ob ich noch über die Neandertaler schreibe oder schon über den Homo Sapiens oder über eine Zwischenstufe der Menschwerdung. Forschungsergebnisse über diese Frage variieren stark, eine endgültige Antwort ist wohl noch nicht gefunden.

Auch nicht auf die Frage, wie diese Menschen ein weiteres Bedürfnis befriedigen konnten, das Bedürfnis nach Religion. Ich bin der Überzeugung, dass dieses Bedürfnis sehr früh aufgetreten ist, wahrscheinlich schon mit den ersten Menschen auf der Erde. Die Frage, "woher kommen wir und wohin gehen wir?", haben sich die Menschen schon seit jeher gestellt.

Die nächste Phase in der Entwicklung der Menschen wäre das Mesolithikum, die Mittlere

Steinzeit. Ich habe diese Phase ausgelassen, da es darüber so gut wie keine Erkenntnisse gibt.

Neolithikum/Jungsteinzeit

Die Jungsteinzeit währte in Mitteleuropa etwa 3500 Jahre. Sie wird von den Archäologen in fünf Phasen unterteilt.

Die gesamte Periode gilt als Warmzeit, was Sesshaftigkeit ermöglichte.

Ich habe für meine Erzählung das Frühneolithikum gewählt. Alles, was wir da sehen, kommt dem, was wir heute kennen, schon sehr nahe. Die Menschen leben in Häusern, die Werkzeuge, die sie benutzen, sind den unseren schon verblüffend ähnlich. Es gibt sogar schon Webstühle.

Viele Tiere sind schon domestiziert. Vor allem der Hund, aber auch Nutztiere wie Schaf oder Ziege.

Am Ende des Neolithikums ist schon das Rad erfunden. Es wird an Karren montiert, die von Tieren gezogen werden.

Nur über die Götterwelten der damals lebenden Menschen wissen wir immer noch nichts. Wie schade, dass sie noch nicht schreiben konnten.

Bronzezeit

Die Bronzezeit in Mitteleuropa ist nicht viel mehr als die Fortführung des Endneolithikums mit verstärkter Verwendung von Kupfer und der Einführung von Bronze. Der Bedarf an Kupfer und Zinn, die Rohstoffe für die Herstellung von Bronze, konnten nur über den Fernhandel befriedigt werden, den man jetzt als schon gewöhnlich annehmen kann. Nur Schriftzeugnisse finden wir immer noch nicht.

Ich habe deshalb mit meiner Erzählung „Bronzezeit" Mitteleuropa verlassen und bin in den Vorderen Orient nach Mesopotamien gegangen. Dort wurde gerade die Keilschrift vervollkommnet und von zahlreichen Schreiberschulen den Menschen vermittelt. So finden wir jetzt auch zum ersten Mal Zugang zur Geisteswelt der frühen Menschheit.

Eisenzeit

Die Eisenzeit datieren die Archäologen auf das letzte Jahrtausend vor unserer Zeitrechnung.

In dieser Phase finden wir in Europa drei beachtenswerte Kulturen:

- die Römerzeit, insbesondere die Zeit der Könige und das Zeitalter der Republik,
- im Osten Europas das Zeitalter des Hellenismus,
- in Mitteleuropa die Kelten, auch Gallier genannt.

Die Eisenzeit, die von den Kelten repräsentiert wird, teilen die Archäologen in zwei Phasen: zum einen in die Hallstattzeit und darauffolgend in die Latènezeit.

Meine Erzählung beschreibt die ausgehende Hallstattzeit. Die Latènezeit habe ich vernachlässigt, da diese hauptsächlich von der Auseinandersetzung der Kelten mit den Römern bestimmt ist.

Die Kelten der Hallstattzeit haben im archäologischen Befund ihres Lebensraumes zahlreiche Zeugnisse hinterlassen. Trotzdem muß man sagen, dass fast alles, was wir über sie wissen, aus römischen Quellen stammt.

Hellenismus

Die kulturelle Erscheinung des Hellenismus lassen die Historiker mit der Ermordung Phillips, dem Vater Alexanders dem Großen, im Jahre 336 v. Chr. beginnen und mit dem Tod der Kleopatra im Jahre 30 v. Chr. enden.

Sowohl Beginn wie Ende des Hellenismus sind mit diesen Daten nicht wirklich erfasst. Genau wie der Hellenismus sich nach Alexander dem Großen erst langsam entwickelt, lebt er nach Kleopatras Tod noch lange und intensiv fort, bis in die Römerzeit hinein. Noch bei Hadrian – römischer Kaiser ab 117 n. Chr.- finden wir hellenistisches Gedankengut.

Wesentliches Merkmal dieser Kulturerscheinung ist unter anderem, die Abkehr der Griechen von ihren unpersönlichen steinernen Göttern. Sie wollen Götter zum Anfassen und sind nun auch bereit, herausragende Menschen mit göttlichen Ehren zu bedenken. Erstes Beispiel ist ca. 100 Jahre vor Alexander der spartanische Admiral Lysander, der mit seinem Seesieg über Athen den

Peloponnesischen Krieg für Sparta entscheidet und damit die griechischen Inseln von dem Joch Athens befreit. Er erbt in Samos den Herakult mit allen dazu gehörigen Merkmalen. Diese Sitte setzt sich fort.

Unsere Historiker sind sich darin einig, dass das Zeitalter des Hellenismus so zum Wegbereiter des Christentums wird.

Antike

Den Zeitraum der Antike möchte ich hier beginnen lassen mit der Entmachtung des römischen Senats durch Julius Cäsar und enden lassen mit dem letzten Soldatenkaiser, das heißt mit dem Regierungsantritt von Kaiser Diocletian.

Was den Beginn dieses Rahmens anbelangt, wird mir kein Historiker zustimmen (mit Berechtigung), über den Zeitpunkt des Endes sind sich alle einig.

Ich habe meine Geschichte in die Regierungszeit des Kaisers Claudius gelegt, den Vorgänger des „Unholds" Nero.

Spätantike

Die Spätantike beginnt, wie schon vorher angedeutet, mit dem Regierungsantritt von Kaiser Diocletian.

Die vorhergegangene Zeit der Soldatenkaiser hat die Grundfesten des Römerreiches

- Zusammengehörigkeitsgefühl,
- Opferbereitschaft,
- Verteidigungsbereitschaft,
- Hintanstellung von egoistischen Motiven

der Menschen, vollständig zerrüttet. Das Gefühl, alles für Rom zu geben, um den Staat mächtig zu machen, ist verloren gegangen. Egoismus ist die Philosophie der Zeit.

Kein Wunder, die Soldatenkaiser hatten keinen wirklichen Bezug zu Rom. Es waren tapfere Krieger, die irgendwann von ihren Legionen zum Kaiser ausgerufen wurden. Sie haben die Grenzen des Reiches mutig verteidigt, aber staatstragende Ideen hat keiner entwickelt. Die wenigsten haben Rom je gesehen, die meisten wurden hinterrücks ermordet.

Diocletian kam nach den Regeln der Soldatenkaiser an die Macht. Anders als die anderen begann er sofort damit, das Reich zu reformieren. Er baute die Landesverteidigung neu auf und verabschiedete feste Regeln für die Kaiserwahl.

Alles Maßnahmen, die Rom zu neuer Größe hätten führen können.

Aber die Zeit war nicht mehr danach. Schon in der dritten Generation nach ihm fiel der Nachfolger - ausgerechnet der, dem wir den Beinamen „der Große" gegeben haben - Constantin, in den egoistischen Machtdünkel zurück. Diocletians Reformen waren vergeblich, das Reich zerfiel weiter.

Am Ende dieser Periode sehen wir das Ende Roms, den Aufstieg des Frankenreiches und den Beginn des Mittelalters. Doch dieses ist Gegenstand des Nachwortes.

Zu den Texten

Im Anhang finden sich zu den einzelnen Kapiteln die Zeitstellung und der Schauplatz sowie die Erläuterung einzelner Begriffe, die nicht zum üblichen Sprachgebrauch gehören. Diese Begriffe sind im Text mit * markiert.

Alle Erzählungen sind frei erfunden und haben keinen Bezug zu historischen Begebenheiten. Bis auf ganz wenige Ausnahmen. Diese beeinflussen jedoch nicht den Gang der Handlung.

Kapitel 1 Altsteinzeit

„Ro, ich glaube wir werden nicht mehr lange hierbleiben können."

„Warum glaubst du das, Li?"

„Weil wir hier nichts mehr finden können, was uns als Nahrung dient. Ich gehe mit unseren Frauen Tag für Tag weitere Wege und unsere Beutel bleiben jeden Tag fast leer. Nicht einmal Haselnüsse lassen sich noch finden."

„Dann hast du recht. Nur in der warmen Jahreszeit können wir Feldfrüchte finden und diese sind eine schmackhafte Ergänzung zu unserem Wildfleisch. Wir müssen diesen Quellen nachziehen. Obwohl mir das sehr leidtut, denn es gibt reichlich jagdbares Wild in diesen lichten Wäldern hier – wir müssen sie verlassen. Ich schlage vor, wir wandern weiter in Richtung Sonne, bis der Wald endet und wir in das Auenland kommen. Ich erinnere mich gut daran. Es gibt dort nicht nur zahlreiche Bäume, die gerade jetzt ihre Früchte zur Reife bringen, nein, es gibt auch Gräser jeder Art, deren körniger Samen sehr haltbar ist und wohlschmeckend zubereitet werden kann. An dem Bach, der dort fließt, finden wir sicher einen guten Lagerplatz. Bachaufwärts siedelten wir früher schon einmal vor einer Höhle. Und der Bach führt Fische. Dort sollten wir hin."

Li stimmt zu. Sie erinnert sich gut an diesen Platz. Ein guter Ort zur Vorbereitung auf die kalte Zeit, wenn das Eis klirrt, die Bäche zugefroren sind und es nichts gibt, was man sammeln könnte, um seine Nahrung damit aufzubessern. Die Ernährung der Gruppe ist dann nur vom Jagdglück der Männer abhängig.

„Ja", sagt sie, „wir wollen unserer Gruppe das Signal zum Aufbruch geben."

Es ist eine kleine Gruppe, die sich da zusammengefunden hat. Im Grunde ist es nur eine Familie. Da ist Ro. Er ist der Älteste, Erfahrenste und damit der Führer der Gruppe. Seine Frau ist Li. Sie wird von allen Gruppenmitgliedern hochgeschätzt, da sie ihrem Mann eine kundige und zuverlässige Beraterin ist. Ro hat zwei Brüder und eine Schwester, Li hat einen Bruder und drei Schwestern. Dazu kommt noch eine Reihe von Kindern jeden Alters. Ihre Aufgaben zum Erhalt der Gruppe sind klar aufgeteilt.

Die Aufgabe der Männer ist es zu jagen. Im Sommer beschränkt sich diese Aufgabe auf die Jagd von Kleintieren. In der warmen Jahreszeit ist das erbeutete Fleisch nicht sehr lange haltbar und muß schnell aufgegessen werden. In der freien Zeit zwischen ihren Jagdausflügen fertigen die Männer Waffen und Werkzeuge. Ferner haben sie die Aufgabe die Gruppe zu schützen. Einerseits vor wilden, räuberischen Tieren, andererseits, falls erforderlich, auch vor Übergriffen anderer Clans. Glücklicherweise sind Berührungen mit anderen Clans äußerst selten.

Die Frauen haben die Aufgabe Nahrung zu sammeln. Im Sommer tragen sie die Hauptlast zur Versorgung der Gruppe. Zusätzlich zum Sammeln kommt noch die Zubereitung der Nahrung. Sie kehren jeden Abend zu ihrem Lagerplatz zurück, während die Männer auf ihren Jagdzügen schon einmal zwei oder drei Tage ausbleiben. Ein Jagdzug ohne Erfolg würde ihr Ansehen schwer beschädigen.

Die Kinder bleiben im Lager. Eine der erwachsenen Frauen bleibt bei ihnen und lehrt sie alle Fähigkeiten, die zum Erhalt und dem Wohlergehen des Clans nötig sind. Die Frauen wechseln sich in dieser Aufgabe ab.

Dem ältesten Kind, zurzeit ist das ein Junge, wird die höchste Verantwortung aufgebürdet. Es ist dafür zuständig, dass das Feuer nie ausgeht. Da diese Aufgabe Tag und Nacht wahrgenommen werden muß, hat der Junge die nächsten zwei im Alter nachfolgenden als Hilfe. Dafür, dass immer genügend Brennholz bereitliegt, sorgt dann die ganze Kinderschar. Sobald das älteste Kind ins Erwachsenenalter eintritt, nach der rituellen Initialisierung, übernimmt es dort seine Aufgaben und das Nächstälteste rückt nach. So lernen die Kinder Verantwortung zu übernehmen.

Als schließlich am späten Nachmittag alle Mitglieder der Gruppe wieder versammelt sind, eröffnet ihnen Ro den Beschluß, weiterzuziehen. Keiner fragt warum. Es ist allen klar: dieser Lagerplatz bietet kein Auskommen mehr. Sie sind das Wandern gewohnt, es ist ihr Lebensinhalt. Sie nehmen alle die Nachricht gelassen auf.

Am nächsten Morgen packen sie ihr Hab und Gut zusammen. Es ist nicht viel, es kann nicht viel sein, denn sie müssen alles selbst tragen. Tiere kennen sie nur als Nahrungsmittel. Dass man Tiere auch zum Arbeiten einsetzen kann oder als Transporthilfe, wissen sie noch nicht.

Ihre Kleidung tragen sie am Körper. Das ist nicht immer sehr bequem, denn es besteht alles aus Tierfellen. Umhang, Beinkleider, Fußlappen, Kappen. Ihre Kleidung darf sie im Sommer nicht sehr behindern. Richtig warme Sommer sind allerdings nicht zu erwarten.

Und im Winter, wenn das Eis von den Bergen herabkommt bis in die Täler, die Bäche zufrieren und die Wanderwege, die sie im Sommer nehmen, unpassierbar sind, muß ihre Kleidung einen ausreichenden Wärmeschutz bieten.

Die Männer haben ihre Waffen. Jeder führt einen Wurfspeer mit sich und eine Stoßlanze, beides aus Holz. Ihre Werkzeuge sind aus Stein. Kein Wunder, wenn sie auf Wanderungen nur die Werkzeuge mit sich führen, die es ihnen ermöglichen, bei Bedarf neues spezielles Werkzeug am neuen Lagerplatz schnell und unkompliziert zu fertigen. Sie tragen dieses Steinwerkzeug in Fellbeuteln, die man über die Schulter hängen kann.

Die Frauen haben auch solche Fellbeutel. Sie tragen in ihnen Nahrungsmittel als Wegzehrung und für die Ankunft am neuen Lagerplatz, denn dessen

Versorgungsmöglichkeiten gilt es ja noch zu entdecken.

Der Zug wird angeführt von Ro und einem weiteren Mann. Es folgen die Frauen. Am Ende finden wir die beiden anderen Männer. Sie halten ihre Waffen bereit, denn mit dem Angriff von wilden Tieren ist immer zu rechnen. Die Kinder springen dazwischen frei herum. Wenn sie Essbares finden wird dies gesammelt und bei Gelegenheit allen zur Verfügung gestellt.

Der Weg führt durch lichten Birkenwald. Zwischen den Birken finden sich hin und wieder Gruppen von Nadelbäumen. Deren Tannenzapfen enthalten Samenkerne, eine willkommene Nahrung für die wandernde Gruppe.

Der Boden ist mit weichem Moos bedeckt, das den wandernden Menschen ihren Weg fast schon komfortabel werden lässt.

Ro folgt streng der Richtung, die er der aufgehenden Sonne abgeschaut hat. Die weiterziehende Sonne irritiert ihn dabei keineswegs.

Der Tag geht schon zur Neige, da vernehmen sie, undeutlich noch, das Rauschen eines Baches. Sie sind zuversichtlich ihr erstes Ziel heute noch zu erreichen.

Der Bach ist recht breit und reißend. Sein Wasser ist eiskalt. Es kommt von hoch aus den Bergen, wo auch im Sommer die Eisdecke nicht abschmilzt. Ro wählt eine enge Schleife am Bach aus, wo die Befestigung ihres Lagers nur über ein kurzes Stück notwendig ist. Der Bach selbst ist die beste Barriere. Er ist so kalt, dass kein lebendiges Wesen durchwaten kann, ohne zu erfrieren. Das kurze Landstück, das übrigbleibt, riegelt Ro mit einer Holzpalisade ab, so gut es eben geht. Die Gruppe sammelt so viel Holz dafür wie nur zu finden ist. Überschüssiges Holz verwenden sie für ihr Nachtlager und fürs Feuer.

Ro fragt Li: „Kannst du dich daran erinnern, ob die Höhle, in der wir schon einmal waren oberhalb oder unterhalb von hier liegt?"

„Es war bestimmt oberhalb, denn wir sind hier viel zu nah am Talgrund", ist ihre Antwort.

„So ist das auch in meiner Erinnerung," gibt er zurück. Und sagt dann zur Gruppe: "Wir werden morgen weiter aufsteigen, um vor einer Höhle einen sicheren Platz für ein Lager zu finden."

Dann teilt er die Wachen für die Nacht ein.

Seine Sorge gilt nicht anderen Gruppen. Eher nachtaktiven, wilden Tieren, die den Bach als Tränke benutzen.

Am nächsten Morgen geht die Wanderung weiter in gleicher Marschordnung. Da der Bach stark mäandriert, halten sie großen Abstand vom Bachufer, um geradlinig laufen zu können. Sie sind sensibel genug, um an der Lautstärke des Bachrauschens die richtige Richtung ihres Weges zu bestimmen.

Unterwegs werden ihre Nahrungsvorräte knapp. Zwei Männer verlassen den Zug, nehmen ihre Wurfspeere mit, die Stoßlanzen bleiben beim Zug, um damit Jagd auf Kleintiere zu machen. In dem unbekannten Gelände ist der Erfolg nicht gesichert. Doch mit viel Geduld und Spürsinn finden und erlegen sie genug Wild für diesen Tag und auch noch für morgen.

Der Weg geht bergauf. Die Luft wird kälter und in flachen Mulden findet man schon Eisreste. Ro stoppt den Zug und lässt die Kinder in alle Richtungen ausschwärmen, um die Höhle zu finden. Sie unterziehen sich dieser Aufgabe mit großer Begeisterung. Nach nicht allzu langer Zeit sind alle wieder da; eine Gruppe hat die Höhle gefunden. Stolz geht diese Gruppe jetzt dem Zug voran, bis zur Höhle.

Die Höhle liegt an einem Hang und man muß zu ihrem Zugang ein wenig hinaufklettern. Vor der Höhle liegt ein kleiner eingeebneter Platz, den nach und nach alle Gruppen, die hier je gelagert haben, anlegten. Ein sehr bequemer Platz für einen längeren Aufenthalt. Ro inspiziert die Höhle. Seit ihrem letzten Aufenthalt hat sich hier nichts verändert. Er ist zufrieden.

Nur der Aufenthalt in der Höhle ist jetzt nicht möglich. In der warmen Jahreszeit dringt Wasser ein und tropft von den Wänden und der Decke unablässig herunter. Ro beschließt ein Vordach vor der Höhle zu bauen, die so auf jeden Fall Schutz bietet. Gleich morgen will er damit anfangen. Jetzt gilt es erstmal für die Ernährung zu sorgen. Die Frauen sind schon ausgeschwärmt und suchen nach sammelbarer Nahrung. Ro weist die älteren Kinder an, Fischreusen zu bauen. Sie wissen schon wie das geht. Ro hat sie ausführlich darin unterrichtet. Sie ziehen los um geeignetes Reisig dafür zu sammeln.

Vor einigen Tagen hat Ro auch wieder Jäger ausgesandt. Die sind inzwischen wieder zurückgekehrt. Ihre Beute reicht für mehrere Tage. Ro atmet auf.

Die wichtigste Tätigkeit nach der Ankunft auf einem neuen Lagerplatz ist die Wiederherstellung des Feuers. Ein Steinkreis wird gelegt. Der kommt diesmal genau unter den Eingang in die Höhle, so wird das Feuer nicht nass und wärmt die Menschen, die unter dem noch zu errichtenden Vordach sitzen. In den Steinkreis hinein hat der Feuerverantwortliche bereits einige trockene Reiser gelegt. Genug trockenes Brennholz liegt auch schon parat. Ro holt etwas dünne Birkenrinde und packt aus seinem Beutel zwei Feuersteine aus. Die schlägt er heftig aneinander, während der Junge die Birkenrinde dazwischen hält. Nach dem dritten Versuch fängt die Rinde Feuer, mit dem die Reiser entflammt werden. Wenige Minuten später brennt es in der Feuerstelle lichterloh und der Wachdienst am Feuer beginnt von Neuem.

Am nächsten Morgen, nachdem die Frauen ihre Sammelrunden begonnen haben, erklärt Ro den zurückgebliebenen Männern, wie er sich das Vordach vorstellt. Sie haben heute Zeit das Vordach zu errichten, denn ihr Fleischvorrat ist noch groß genug, um ein paar Tage davon leben zu können.

Ro erklärt: „Zuerst schneiden wir möglichst gerade Haselnußtriebe in einer Länge, die erforderlich ist, um die Triebe an den Felsvorsprung über der Höhle anzulegen. Dazu haben wir alle unseren Faustkeil mit einer scharf zugeschlagenen Seite mitgebracht. Falls die Schärfe nicht mehr ausreicht haben wir jetzt Zeit genug die Keile nachzuschärfen. Die Ruten legen wir dann schräg an den Felsvorsprung an mit möglichst kleinem Abstand zwischen ihnen. Dann nehmen wir dünnere Zweige und legen diese waagerecht an die senkrechten Ruten an. So entsteht ein Gitter. An den Kreuzungspunkten müssen wir die Ruten zusammenbinden. Einer von uns wird also reichlich zu tun haben, um den erforderlichen Bast von den Baumstämmen herunter zu schälen. Als letztes legen wir dann große Blätter auf dieses Gitter, überlappend, so dass der Regen daran abperlt. Am Bach habe ich eine Stelle gesehen, an der sehr große, grüne Blätter wachsen. Dort wollen wir uns bedienen."

Sie machen sich an die Arbeit. Besonders das Schneiden der Haselnußtriebe ist sehr mühsam. Die Faustkeile mit einer scharf zugeschnittenen Seite sind nicht wirklich dazu geeignet. Jedoch, die Männer sind den Umgang mit diesem Werkzeug gewohnt und kommen mit der Arbeit gut voran. Tatsächlich ist der Faustkeil das wichtigste Werkzeug das sie haben. Man kann damit nicht nur Zweige schneiden. Es ist auch geeignet um Baumrinden abzuschälen und um Bast zu gewinnen. Auch Felle lassen sich damit schneiden. Ein wichtiges Werkzeug von dem sich kein Mann trennt, auch nicht auf Wanderungen. Genauso wichtig ist ein Faustkeil mit einer kugelförmigen Nase, mit dem Abschläge von anderen Steinen hergestellt werden. Auch dieses Werkzeug ist immer dabei. Und mindestens ein Mann aus jeder wandernden Gruppe muß zwei Feuersteine mit sich führen. Diese sind lebensnotwendig.

Der Bau des Vordaches geht voran. Die zurückkehrenden Frauen helfen noch beim Auflegen der großen Blätter. Das Vordach ist fertig und bietet einen guten Witterungsschutz. Die klug platzierte Feuerstelle strahlt nun ihre Wärme in die Höhle hinein und unter das Vordach.

Die Frauen haben Grassamen mitgebracht. Eine hat ihren Lederbeutel mit Wasser gefüllt und hängt ihn jetzt unter das Vordach. In das Wasser wird der Grassamen hineingestreut, der langsam quillt. Es ergibt sich damit so etwas wie Gerstensud, der mit der hohlen Hand herausgeschöpft wird. Eine sehr nahrhafte Vorspeise. Auch das Fleisch von mehreren Kaninchen ist mittlerweile aufgeschnitten, wird an Spieße gesteckt und über dem Feuer geröstet. Es gibt reichlich für alle. Wohl gesättigt strecken sich nun alle rund um das wärmende Feuer aus. Felle haben sie genügend. So schlummern sie ein. Das Leben ist schön.

Der neue Lagerplatz ist gut gewählt. Das Umland stellt reichlich Nahrungsmittel zur Verfügung. Annähernde Gefahren kann man rechtzeitig erkennen.

Es kommt die Zeit, da hat der für die Feuerstelle verantwortliche Jüngling das Mannesalter erreicht. Das Initiierungsritual ist einfach: er muß dreimal kreuzweise über das Feuer springen, dann wird er in den Kreis der Männer aufgenommen. Zuvor übergibt er noch seine Verantwortung an das im Alter nachrückende Kind, diesmal ein Mädchen. Sie darf sich zwei Helfer aussuchen und beginnt sofort mit ihrem Amt.

Der neu im Kreis der Erwachsenen aufgenommene hat nun das Recht, Waffen zu tragen. Er muß sie sich selbst herstellen. Es ist aber klar, die anderen beraten ihn dabei. Umso mehr als einer von ihnen den Vorschlag hat, wie man Speere wirkungsvoller machen kann. Es ist ihm nämlich gelungen, von einem dafür geeigneten Stein, einen Abschlag zu machen, der sehr flach ist. Diesen Abschlag ein bisschen in der Form korrigiert und es entsteht so etwas wie eine Blattspitze. Diese Blattspitze kann man in die Speerspitze einklemmen, wenn man diese spaltet. Jetzt braucht man nur noch Bast um Speer- und Blattspitze zu umwickeln und Baumharz zur Fixierung des Ganzen.

Die Männer sind begeistert. Sie gehen sofort daran ihre Speere derart herzurichten. Der Junge ist im Nachteil, denn er muß sich erst einen Speer schneiden. Die Arbeit ist kompliziert und es dauert ein paar Tage bis jeder seinen neuen Speer hat. Aber das macht nichts. Mit der neuen Waffe wird die Jagd erfolgreicher.

Die Tage vergehen, die Sonne erreicht nicht mehr ihren Höchststand, kalter Regen fällt immer häufiger. Das ist das Signal für die Gruppe ins Tal hinabzusteigen, bevor das Eis von den Bergen herabkommt und das Land überzieht. Sie machen sich auf zu einem vorbestimmten Treffpunkt im Tal. Ro übernimmt wie immer die Führung. Ihr Ziel ist eine große Höhle, nicht sehr hoch über dem Talgrund. Im Winter kann man sich gut in einer Höhle aufhalten. Das dick über der Höhle liegende Eis lässt kein Wasser durch.

Die Höhle, die sie jetzt zum Ziel haben, ist groß genug um drei Gruppen Platz zu bieten. In dieser Höhle treffen sich jedes Jahr die gleichen drei Gruppen, um dort zusammen die kalte Jahreszeit zu verbringen. Das machen sie nicht, weil sie etwa miteinander verwandt, oder besonders gut miteinander befreundet sind. Das machen sie nur aus reiner Notwendigkeit. Das mit Schnee und Eis bedeckte Land bietet keine Möglichkeit zum Sammeln von Lebensmitteln. Kleintiere halten Winterschlaf oder können sich im tiefen Schnee gut verstecken. Das Einzige was zur Ernährung der Menschen bleibt ist die Großwildjagd. Jedes Jahr träumen die Menschen davon, ein Mammut zu erledigen. Aber auch Bären, Hirsche oder Bisons sind begehrt. Es ist klar, dass die Jagd auf solche großen Tiere mehr Männer erfordert als eine einzelne Gruppe zur Verfügung hat. Die Zusammenkunft mehrerer Gruppen ist eine reine Zweckgemeinschaft. Sobald die drei Gruppen in der Höhle angekommen sind, geht die Jagd auch schon los und hält den gesamten Winter über an.

Auch in der Großgruppe ist Ro der Älteste. Seine Autorität wird nicht angezweifelt. Er teilt den Jägern ihre Aufgabe zu und stellt sie zweckentsprechend auf.

Der Jagdablauf nutzt die Vorteile, die das Gelände bietet, geschickt aus. Erstmal werden Kundschafter ausgeschickt, die den Standort von Tieren ausfindig machen sollen, die meistens auch in Rudeln zusammenstehen. Sobald die Kundschafter lohnendes Jagdwild entdeckt haben, werden Treiber ausgesandt. Sie treiben mit viel Getöse die Tiere in das Flußtal, wo sie von weiteren Treibern empfangen werden und in die Richtung eines sich verengenden Tales getrieben werden. Die Bewegungsfreiheit der Tiere ist nun eingeengt. Sie können den Jägern nicht mehr entkommen. Wenn auch nur ein Tier erlegt wird, ist das für die Jäger schon ein Erfolg. Zwei oder sogar drei Tiere von einer Jagd mitzubringen ist schon etwas ganz Besonderes.

Es kommt aber auch vor, dass die Tiere angreifen und einen Jäger so schwer verletzen, dass er seinen Wunden erliegt. Seine Kammeraden lassen von dem Jagdwild deshalb nicht ab, denn der Jagderfolg garantiert das Überleben der Menschen. Erst wenn der erwartete Jagderfolg eingetreten ist, bringen sie den Toten zu ihrer Höhle zurück und die Trauerzeremonie beginnt.

Sie besteht aus Trauergesängen, die an eine höhere Macht gerichtet sind, mit der Bitte, die Seele des Toten in Gnade aufzunehmen. Dann wird der Leichnam an einen weitentfernten Ort gebracht und der Natur überlassen. Hyänen und Raubvögel tun ihren Dienst. In kurzer Zeit liegen die Knochen blank. Eine Abordnung der Gruppe aus der der Tote stammt holt den Schädel ab, die Knochen bleiben liegen, und bahrt diesen im hintersten Teil der Höhle an einem vorbestimmten Platz auf.

Das erlegte Tier ist nicht nur Fleischlieferant. Auch Fell und Sehnen sind sehr begehrt. Erstmal muß es aber zur Höhle gebracht werden. Ein kleines Tier oder ein Jungtier kann von den Männern getragen werden. Ein großes Tier muß an Ort und Stelle zerlegt werden, in Stücke, die ein Mann tragen kann.

Das ist keine leichte Arbeit.

Als Werkzeug steht nur der angeschärfte Faustkeil zur Verfügung. Um damit durch das Fell zu kommen, muß man mit dem Strich schneiden. Um die Haut vom Fleisch zu trennen haben einige Männer schon eine Blattspitze, eingelegt in einen Holzschaft, in ihrer Ausrüstung. Damit geht es recht gut. Alle Jäger, die solches nicht bei sich haben, beschließen, sich dieses Werkzeug als nächstes anzufertigen. So wird das Tier in tragbare Stücke zerlegt. Was nicht verwertbar ist bleibt liegen.

Mit der Beute beladen kehren die Jäger im Triumphzug heim. Sie werden von den Frauen mit Jubel begrüßt. Der Hunger ist wieder für ein paar Tage abgewendet.

Zuerst gibt es ein großes Festmahl. Die Frauen zerteilen das Fleisch in mundgerechte Stücke, die sie auf Holzspieße stecken. Die Feuerverantwortlichen vergrößern die Feuerstelle und legen reichlich Brennholz bereit. Das Garen der Fleischstücke dauert nicht lange. Die Männer sitzen derweil im

Hintergrund der Höhle und erzählen sich Jagdabenteuer. Dieser Tag ist ein richtiger Festtag.

Zum Zerteilen des Fells sind wieder die Männer gefragt. Das Führen des angeschärften Faustkeils ist eine anstrengende Arbeit und erfordert viel Kraft. Auch das noch an der Haut anheftende Fleisch zu entfernen ist Männersache. Dafür liegen Schaber bereit, flache Steine mit einer angeschärften Seite. Es ist sehr wichtig, dass kein Fetzchen Fleisch an der Haut zurückbleibt. Das könnte das ganze Fellstück verderben.

Die ersten Fellstücke gehen dahin, wo der Bedarf am Größten ist. Bis die Jagdzeit vorüber ist, hat jeder seinen Anteil an den Fellstücken erhalten.

Während die eine Gruppe der Männer noch mit der Schabearbeit beschäftigt ist, fängt die andere Gruppe an unruhig zu werden. Das Jagdfieber hat sie gepackt. Schon sind einige losgezogen um nach Spuren im Schnee zu suchen. Die Jagd beginnt von Neuem.

Die kalte Jahreszeit dauert sehr lange und die ausschließliche Fleischkost in dieser Zeit, zehrt an den Kräften der Menschen. Sie sehnen sich wieder nach den Früchten der Natur, des Waldes, des Graslandes.

Nicht verwunderlich, dass sie sich wieder aufmachen, sobald sie nur bemerken, dass sich das Eis aus den Flußtälern zurückzieht. Sie sehnen sich nach ihrem Leben nicht nur als Jäger, sondern als Sammler und Jäger.

Kapitel 2 Jungsteinzeit

Der Sturm weht heftig. Er kommt aus Südwest und bläst direkt auf die Vorderfront des Hauses. Die Vorderfront ist nicht mehr ganz dicht. Es zieht sehr stark bis ins Innere des Hauses. Die Menschen drinnen haben sich in den Hintergrund des Hauses zurückgezogen und bangen um die Standsicherheit des Gebäudes.

Das Haus wird von einer großen Familie bewohnt. Da sind Rolo, der Hausherr, seine Frau Liz, ihre Kinder und nahe Verwandte, Brüder, Schwestern, Angeheiratete und Vettern. Auch noch einige Tiere, die man nachts besser nicht draußen lässt, wegen der Wölfe. Das Haus kann sie alle aufnehmen. Es ist ein Großbau, acht Meter breit und um die dreißig Meter lang. Die Vorderfront schaut nach Südwesten, der Hauptwindrichtung. Diese Front ist die stabilste des ganzen Bauwerkes.

Die Familie sitzt im hintersten Winkel des Hauses. Allen ist es sehr bange vor dem Sturm. Aus gutem Grund: schon die Sommerstürme haben die Baufälligkeit des Gebäudes offenbart. Einige Pfosten sind schon gebrochen, das Dach teilweise eingedrückt, die Hauswände haben ihre Stabilität auch schon weitgehend verloren.

Da sagt Liz: „Rolo, ich glaube wir sollten dieses Haus verlassen. Es wird den Winter nicht überstehen. Wir müssen uns entschließen ein neues zu bauen."
Rolo stimmt ihr zu. Er verspricht: „Ich werde morgen den Dorfrat einberufen um dies zu besprechen."

Zu dem Dorf zählen sieben Häuser. Alle in der gleichen Größe, alle in der gleichen Richtung gebaut. Alle beherbergen Großfamilien und bieten auch Unterkunft für Haustiere. Es gibt auch noch einige kleinere Hütten, in denen solche Tiere untergebracht werden, die gegen Raubtiere wehrhaft genug sind.

Die Familien, die sich hier zusammengefunden haben, haben alle die gleichen Rechte. Sie müssen Rolos Plan, ein neues Haus zu bauen, zustimmen, denn sie müssen beim Bau mithelfen. Rolos Familie allein wäre mit dem Hausbau überfordert. Rolo hat keine Bedenken seine Pläne vorzutragen. Alle Familien im Dorf haben die gleichen Probleme und wissen selbstverständlich von Allem, was den Nachbarn gerade bedrückt. Sie kommen bereitwillig zusammen, um über Rolos Vorhaben zu diskutieren.

Rolo trägt vor: „Gestern Abend bei dem heftigen Sturm ist es meiner Familie klar geworden, dass unser Haus einer solchen Naturgewalt nicht mehr lange standhalten kann. Um es deutlich zu sagen: wir hatten Angst um die Stabilität unseres Hauses. Ich schließe mich da nicht aus. Also trete ich jetzt vor euch, um euch zu bitten, uns beim Bau eines neuen Hauses zu unterstützen."

Jeder weiß worum es geht. Fast alle melden sich gleichzeitig zu Wort: „Ja, ja, es ist ja üblich, dass wir uns gegenseitig unterstützen. Wenn wir an den Zustand unserer Häuser denken ist uns das sowieso klar. Unsere Häuser haben fast alle das gleich Alter und müssen erneuert werden."

Und schließlich kommt noch ein weiterer Gesichtspunkt dazu: „Wenn ich an das Ackerland rings um unsere Siedlung herum denke, dann bin ich der Meinung, dass es schon sehr ausgelaugt ist. Jedes Jahr werden unsere Erträge geringer. Bald müssen wir im Umland wieder Nahrung sammeln gehen wie früher. Bei dem Zustand unserer Häuser schlage ich also vor, darüber nachzudenken, die ganze Siedlung an einen anderen Ort zu verlegen, nach und nach. An einen Ort, wo es guten, frischen Boden gibt, wo wir klares Wasser haben und wo uns der Wald reichlich mit Holz und Wild versorgt."

Im Grunde stimmen diesem Vorschlag alle zu. Es wird noch eine Weile diskutiert, wie das alles zu bewerkstelligen ist, dann wird beschlossen, obwohl noch Winter ist, eine Gruppe auszusenden, die feststellen soll, wo der geeignetste Platz für einen Neubeginn sein könnte. Vier Mann sollten für diese Aufgabe ausreichen, mehr kann das Dorf nicht entbehren, denn der Schutz für das Dorf hat trotz allem Vorrang. Rolo, als der direkt Betroffene, führt den Trupp an. Die Männer rechnen damit einige Tage unterwegs zu sein.

Der Schnee erschwert die Suche. Die Männer kennen jedoch die Merkmale, die ein Platz haben muß, um für eine Neuansiedlung geeignet zu sein. Sie kehren mit einer guten Nachricht heim, umso mehr, als der neue Platz nur zwei Wegstunden von ihrer jetzigen Siedlung entfernt ist.

Kaum ist der letzte Schnee endgültig hinweggeschmolzen, wird mit dem Neubau begonnen. Die Dorfgemeinschaft muß sich dafür teilen, denn die Wirtschaft des bestehenden Dorfes muß aufrechterhalten werden. Am Neubau sind nicht nur Männer beschäftigt. Auch ältere Kinder können sich nützlich machen. Die Gruppe bricht auf zu dem neuen Standort.

Die Männer durchstreifen dort zunächst den nahen Wald auf der Suche nach geeigneten Stämmen zum Bau der Tragkonstruktion. Es ist ein lichter Eichenmischwald. Die Stämme stehen weit auseinander und sind recht gerade. Die ausgesuchten Stämme werden sofort geschlagen.

Die Dechseln, die die Männer mit sich führen sind für diese Arbeit sehr gut geeignet. Auf einem stabilen Holzstiel ist ein scharf geschliffenes, steinernes Beil mit Schneide senkrecht zum Stiel montiert. Zum Nachschleifen des Beiles, was oft nötig ist; steht ein Schleifbrett zur Verfügung. Mit diesem Werkzeug geht die Arbeit schnell vonstatten.

Andere Männer und kräftige Jungen heben derweil Grubenlöcher aus, in die die Stützen eingesenkt und festgetreten werden. Jeder Stamm, der angeliefert wird, wird in einem solchen Grubenloch versenkt. Zum Aufnehmen des Firstes werden die kräftigsten Stämme ausgesucht. Schließlich wird der First mit den Stützen durch lange, schlanke Pfetten verbunden, die fast bis zum Boden reichen.

Während der ganzen Zeit sammeln die jüngeren Kinder fleißig Reisig. Das Reisig wird später zwischen die Stützen, die die Außenwand bilden eingeflochten.

Das so entstandene Flechtwerk erhält einen Verputz aus Lehm. Der Lehm wird direkt dem Erdreich neben dem jetzt schon fast fertigen Haus entnommen. Die so entstandene Grube nutzen dann die späteren Bewohner, um ihre Abfälle hineinzuwerfen. So wird die Grube nach und nach wieder gefüllt.

Jetzt muß nur noch das Dach gedeckt werden. Sofern am Bach genug Schilf steht, wird dieses dafür verwendet. Vielleicht finden auch die Kinder auf ihren Streifzügen Sümpfe, die ebenfalls Schilf zur Dachdeckung beisteuern. Falls nichts zu finden ist, müssen die Männer zurück ins Dorf und übriges Stroh nach der Ernte herbeiholen und damit das Dach eindecken. Für diesmal müssen alle Möglichkeiten genutzt werden. Keine Quelle stellt ausreichend Material zur Verfügung. Auf diese Weise werden im Verlauf des Jahres drei Häuser fertiggestellt. Es wäre noch Zeit für den Bau eines weiteren Hauses; nur fertigzustellen wäre es vor dem Winter nicht mehr. Die Männer lassen das lieber sein und kehren in ihre Dorfgemeinschaft erstmal zurück.

Obwohl sie dort bei jeder Rückkehr über ihren Baufortschritt berichtet hatten, geben sie jetzt noch einmal eine zusammenfassende Erläuterung über das Erreichte. Von da an kommt das Dorf nicht mehr zur Ruhe. Jeder diskutiert mit und jeder hat eine andere Meinung: sollen jetzt alle in dem alten, baufälligen Dorf überwintern? Sollen alle in das neue Dorf umziehen? Soll man sich teilen? Sollen vier Familien, solche mit den noch am besten erhaltenen Häusern im alten Dorf bleiben und drei Familien in das neue Dorf ziehen? Die Meinungen gehen hin und her; man kommt zu keinem einstimmigen Entschluss.

Rolo wird klar, so kommt nie eine Entscheidung zustande. Er muß eingreifen. Er ruft die Dorfgemeinschaft zusammen, um seine Meinung kund zu tun:

„Freunde!" hebt er an. „Bald werden wir den ersten Schneefall haben. Wir müssen handeln. Wie ihr alle wisst, haben wir drei Möglichkeiten: wir ziehen alle um, wir bleiben alle hier, wir teilen uns. Die Teilung halte ich für die schlechteste Möglichkeit. Wir sind dann zu wenige, um unsere alte, oder auch unsere neue Dorfgemeinschaft zu verteidigen. Da gibt es wilde, räuberische Tiere, die Hunger haben und auf Beute aus sind, so wie wir es jeden Winter erleben. Es könnten auch andere Menschengruppen auftauchen, um unsere Habe zu stehlen. Oder es gibt einfach nur Unwetter, das Schaden anrichtet, den wenige Menschen alleine nicht beheben können. Wir müssen zusammenbleiben. Hier im Dorf ist die

Gefahr am Größten, dass Unwetter unsere alten Häuser zum Einsturz bringen. Wenn das in großem Umfang geschähe, müssten wir mitten im Winter den Umzug in unser neues Dorf machen, was dann sicher am Beschwerlichsten wäre. Darüber hinaus wüßten wir nicht, was mit unseren neuen Häusern geschieht. Fremde Menschen könnten sich ansiedeln, oder was auch immer. Ich bin dafür, dass wir jetzt umziehen. Das beschert uns einen Winter, in dem wir eng zusammenleben müssen. Der Platz wird schon reichen, es ist ja nur für einen Winter.

Der nahe lichte Eichenwald bietet viel niederes Wild, das wir jagen können. So wie in alten Zeiten. Wir müssten keines von unseren Haustieren schlachten, wenn das Fleisch knapp wird. Und wenn der Frühling kommt sind wir alle zusammen für den weiteren Hausbau, den wir dann viel schneller erledigen können. Ich bin für den Umzug".

Die Dorfbewohner sehen diese Argumente ein und entscheiden sich sofort für den Umzug. Und sie beginnen auch sofort mit den Vorbereitungen.

Die Habe der Dorfbewohner ist beträchtlich. Da gibt es einmal ihre Bekleidung. Für den Sommer hat jeder leichte Bekleidung aus gewebten Stoffen, oft genug mit Mustern verziert. Der Winter verlangt warme Bekleidung aus Leder oder Fellen, ebenso warme Fußbekleidung, in der Regel Lappen aus Fellen, die um die Füße gewickelt werden.

Die Männer haben ihre Waffen und Werkzeuge. Holzspeere mit Speerspitzen aus Stein oder auch Stoßlanzen mit steinernen Spitzen. Jeder hat eine Dechsel oder ein Beil aus Stein, beides mit Holzschaft. Es gibt Messer oder auch Dolche aus Feuerstein. Für die Feldarbeit gibt es Sicheln aus gleichem Material. Die Steinklingen sind mit Holzgriff gefasst. Es gibt scharfe Kratzer zum Entfernen von Fleisch an Fellen oder schwere Schlagsteine zum Abschlagen von Klingen von Feuersteinkernen. Zum Bohren von Löchern, zum Beispiel in Fell, gibt es verschieden große Bohrer.

Zur Zubereitung von Nahrung haben die Frauen schwere Mahlsteine mit Reiber, von denen es in jedem Haus einige gibt. Und es gibt Steingeräte zur Bearbeitung von Knochen. In einigen Häusern stehen Webstühle.

Der größte Schatz eines Haushaltes aber sind Töpferwaren aus gebranntem Ton. Es gibt sie als Schalen, Schüsseln und sogar Flaschen. Sie sind zahllos vorhanden und müssen nun transportiert werden. Das Gebrauchsgeschirr ist schön verziert mit parallel verlaufenden Schlangenlinien über die gesamte Oberfläche*. Darauf muß beim Umzug besonders geachtet werden.

Die Vorratsgefäße für Lebensmittel sind unverzierte Töpfe. Diese sind deutlich größer. Sie sind mit Ösen versehen, damit man sie mit Schnüren an der Decke des Hauses aufhängen kann, um den Inhalt vor Mäusen zu schützen.

Das alles muß in das neue Dorf gebracht werden. Dem Dorf gehören zwar einige Haustiere, aber keines ist als Lasttier geeignet. So müssen die Menschen alles selbst tragen.

Kaum hat sich der erste Zug formiert, entdeckt Rolo auf einer entfernten Wiese zwei wolfsähnliche Tiere.

„Sind das Wölfe?", fragt er Liz.

„Nein, das können keine Wölfe sein, obwohl sie so ausschauen. Sie sind sehr scheu. Wenn man ihnen Fleischreste hinwirft kommen sie angerast, schnappen sich die Reste und flüchten sofort wieder. Man kann sich ihnen nicht nähern. Nur Kinder lassen sie an sich herankommen. Und dann benehmen sie sich so, als ob sie die Kinder beschützen wollen."

„Wir sollten sie an uns gewöhnen", sagt Rolo.

Zuletzt werden die Haustiere in die neue Siedlung gebracht. Es ist das eine Herde von Schafen und Ziegen, einige Rinder und ein paar Schweine. Die Schafe werden geschoren und liefern Wolle, die Ziegen geben Milch, werden bei Bedarf geschlachtet und liefern somit Fleisch, die Rinder liefern recht viel Milch, wenn sie nicht gerade Nachwuchs säugen müssen und werden selten geschlachtet. Hauptfleischlieferant sind die Schweine. In Wirklichkeit gehen die Männer nur noch jagen um etwas Abwechslung zu haben. Sowohl auf dem Tisch, als auch von dem täglichen Einerlei.

Die Wolfshunde sind jedem Zug der Dorfbewohner gefolgt, in gehörigem Abstand und immer darauf bedacht etwas Nahrhaftes aufzuschnappen. Von jetzt an sind diese Tiere getreue Gefährten der Menschen.

An das alte Dorf denkt keiner mehr. Es kann verfallen.

Die Zeit vor dem ersten Schnee nutzen die Dorfbewohner, um die umliegende Flur zu roden und für die Einsaat im nächsten Frühjahr vorzubereiten.

Niedrige Kräuter werden einfach ausgerissen, bei dem weichen Lössboden ist das nicht schwer. Zum Entfernen tiefliegenden Wurzelwerkes leisten die Dechseln wertvolle Hilfe. Flachs und Hanf bleiben stehen, wo sie gerade wachsen. Für die Dorfbewohner sind das sehr wertvolle Gräser, sie sähen sich sogar von selbst aus.

Die Menschen wissen, wieviel Land sie urbar machen müssen um sich davon ernähren zu können. Auch Brennholz ist schon gesammelt. Der Winter kann kommen.

Der Winter ist eine sehr harte Zeit, keinesfalls eine Zeit der Ruhe. Vordringlichste Aufgabe ist es die Tiere zu versorgen. Sie sind der wertvollste Schatz der Menschen. Jetzt sind auch noch die Hunde dazu gekommen, die man keinesfalls aufgeben will. Zur Bewachung des Dorfes sind sie unersetzlich geworden. Auch auf der Jagd sind sie hilfreich, denn sie spüren für die Männer das Wild auf. Im Winter gehen die Männer häufig zur Jagd. Nicht so sehr wegen des Fleisches, vielmehr wegen der Felle, die in dieser Zeit besonders dicht sind.

Ansonsten bessern sie ihre Waffen und Werkzeuge aus oder stellen neue her. Sie benötigen immer Steinwerkzeuge mit scharfen Kanten zum Schneiden und Schaben. Abschläge von Felsgestein haben häufig rein zufällig die gewünschte Form, falls nicht, werden die Abschläge einfach verworfen.

Die Männer verarbeiten am liebsten Silex. Ein Abschlag von einem Silexkern ist immer sehr schlank und scharfkantig. Die Männer wetteifern um die besten Arbeitsergebnisse. Sie können diese Abschläge zu Messern, Dolchen oder Sicheln verarbeiten indem sie Holzgriffe an den Klingen anbringen. Dieses Werkzeug ist sehr langlebig und lange gebrauchsfertig. Nur leider ist es in ihrer Welt nicht verfügbar. Hoffentlich kommt bald wieder ein fahrender Händler vorbei mit Silex im Angebot.

Auch die Frauen sind im Winter nicht untätig. Solange die Weidenruten noch frisch sind, flechten sie Körbe. Diese werden sie im Spätsommer brauchen, wenn die Ernte eingebracht wird, um die Getreidekörner aufzunehmen. Die Arbeit ist nicht schwierig und sie singen dabei.

Mehr Konzentration verlangt die Arbeit am Webstuhl. Der Webstuhl besteht aus zwei senkrechten Stangen, die oben in einer Astgabel enden. In den Astgabeln liegt ein waagerechter Stab an dem die Fäden der Kette angebracht sind. Die

Fäden hängen frei herunter und sind unten an Websteinen angebunden, die recht schwer sind und die Fäden immer gespannt halten. In Arbeitshöhe ist ein waagerechter Stab zwischen den Kettfäden angebracht, und zwar so, dass diese abwechselnd einmal vor und einmal hinter dem Stab liegen. Der Stab kann jetzt vor und zurück bewegt werden und schafft so die Möglichkeit den Schußfaden abwechselnd zwischen den Kettfäden einzulegen. Dabei muß die Weberin immer darauf achten, dass die Spannung hoch genug ist, um den Schußfaden in Position zwischen den Kettfäden zu halten. Eine anspruchsvolle Arbeit.

Manche Frauen unterbrechen auch mal gerne diese hohe Konzentration erfordernde Arbeit, um sich auf den festgestampften Lehmboden im Innern des Hauses zu setzen, sich einen Klumpen Ton zu nehmen und einen ihrer wunderschönen Töpfe oder Schalen, oder was sonst noch gerade gebraucht wird, herzustellen. Welche Form und welche Größe wissen sie am besten, denn sie sind es ja auch, die diese Gefäße in Gebrauch haben werden. Und auf die Verzierung kann auch nicht verzichtet werden. Grundsätzlich parallele Schlangenlinien, durchaus mit individueller Note, denn daran erkennt man den Töpfer.

Der Winter ist viel zu kurz, um all das zu erledigen, was man sich vorgenommen hat. Das Frühjahr erzwingt nun Aktivitäten außerhalb des Hauses. Die Saat muß ausgebracht werden. Es helfen alle zusammen, das ist die Grundlage ihres Überlebens. Auf dem vorbereiteten Ackerboden werden mit Stöcken kleine Furchen gezogen. Die Furchen nehmen die Getreidesaat auf, die den Winter in den aufgehängten Krügen überstanden hat. Die Furchen werden gleich wieder mit Erde überdeckt, um räuberische Überfälle von Vogelschwärmen zu verhindern. Gesät werden Einkorn, Emmer und Gerste. Aber nicht fein säuberlich neben einander, sondern bunt gemischt, so wie es aus dem Vorratskrug kommt. Ganz anders geht es mit Erbsen und Linsen. Erbsen und Linsen werden getrennt verarbeitet und müssen deshalb auch getrennt gepflanzt werden.

Nachdem die wichtige Pflanzarbeit getan ist, gehen die Männer wieder an den Hausbau. Sie wollen in diesem Jahr die restlichen vier Großhäuser errichten und Stallungen für die Tiere sind auch erforderlich. Keine Zeit zur Muße!

Die Frauen müssen unterdessen die eingesäten Felder mit einer leichten Palisade umgeben, damit die Tiere die aufgehende Saat nicht gleich wieder kahlfressen.

Jetzt endlich können sie die im Winter hergestellten Töpfe, Schalen und Becher im Feuer brennen, was ihnen dauerhafte Haltbarkeit verleiht. Die Feuer brennen Tag und Nacht. Große Begeisterung bei den Kindern, die die Brennstellen aufrechterhalten müssen.

In diesen Tagen kommt ein Fremder in das Dorf. Er trägt seltsame Kleidung und er spricht eine seltsame Sprache. Die Dorfbewohner können ihn verstehen, aber sie müssen erst mal eine Weile nachdenken, bis ihnen klar ist, was er wirklich meint. Er führt einen Onager am Zügel, der ziemlich schwer zu tragen hat.

„Was willst du?" wird er gefragt.
„Ich bin ein fahrender Händler, der mit euch Handel treiben will. Ich war früher schon einmal bei euch, vielleicht könnt ihr euch daran erinnern. Damals lebtet ihr allerdings an einem anderen Ort. Vielleicht kann sich euer Ortsvorsteher noch an mich erinnern."
„Wir haben keinen Ortsvorsteher", sagt Liz. „Aber der, dem wir am meisten vertrauen, ist gerade im Wald, um Bauholz auszuwählen. Er kommt sicher

bald zurück, du kannst auf ihn warten. Sicher hast du Durst nach der langen Reise. Gleich hier fließt ein Bach mit ganz klarem Wasser. Es wird dich erfrischen. Ich gebe dir einen Becher, damit du Wasser schöpfen kannst."

„Was ist das für ein schöner Becher? Habt ihr noch mehr davon?"

„Wir machen diese Becher selbst!", antwortet Liz.

Der Händler muß nicht lange warten, bis Rolo aus dem Wald zurückkommt. Er geht sofort an den Bach und begrüßt den Händler. Beide sind älter geworden, sie erkennen sich nicht wieder.

Rolo äußert sofort seine Wünsche.

„Wir brauchen Silex", sagt er. „Hast du Silex dabei?"

„Das trifft sich gut! Silex habe ich reichlich dabei. In jeder Größe. Ich tausche es ein gegen Felle. Felle brauchen wir dringend. Und von diesen schönen Bechern hier möchte ich auch welche haben."

„Gut", sagt Rolo, „diesen Handel können wir machen! Das muß aber nicht gleich jetzt sein. Du bleibst sicher einige Tage?"

„Ich ruhe mich gerne bei Euch aus nach der langen Reise."

Am Abend sitzen dann die Dorfbewohner am Feuer und lauschen den Erzählungen des Händlers.

„Ich komme aus der Richtung der untergehenden Sonne. Die Tage, die ich schon unterwegs bin, kann ich nicht mehr zählen. Mein Land liegt an einem großen Strom. Der Strom ist sehr reich an Fischen. Das Land ist karg und steinig. Die Steine sind dennoch unser Reichtum. Wohin ich auch komme, kann ich meine Steine eintauschen gegen Dinge, die uns fehlen. Wenn ich dann zu Beginn des Winters wieder daheim ankomme, werde ich freudig begrüßt wegen all der schönen Dinge, die ich mitbringe. Unser Reichtum sind nur die Steine."

Am nächsten Tag wird der Handel zur Zufriedenheit aller gemacht. Der Händler bleibt noch drei Tage, dann zieht er weiter. Die Dorfbewohner denken noch lange an diesen Besuch aus der Fremde.

Eines Nachts schlagen die Hunde an. Zweimal, dreimal. Einige Dorfbewohner verlassen ihre Häuser und spähen in die Nacht, um den Grund zu erfahren. Das Gebell kam aus der Richtung des Baches. Jedoch bei der sternlosen Nacht, kann man in dieser Entfernung nichts erkennen. Man hört nur Gebell, Gefauche und Getrappel.

Schließlich wieder Stille.

Am nächsten Morgen gehen die Männer auf Spurensuche hinunter zum Bach. Sie finden Spuren von Wildkatzen. Gut, dass sie die Hunde haben. Klar ist auch, sie müssen ihre Tiere besser schützen.

Der Hausbau wird für eine Weile zurückgestellt. Für die Tiere wird ein Pferch angelegt, mit einer starken Palisade ringsum, vor allem gegen den Bach. Des Nachts werden die Hunde auch in den Pferch gebracht. Sie haben ihre Aufgabe verstanden. Die Bewohner können von nun an ruhiger schlafen.

Alle Kraft wird jetzt wieder auf den Hausbau verwendet. Das währt nicht lange. Dann wird die Aufmerksamkeit der Männer wieder anderweitig beansprucht.

Eines Tages, bei der Suche nach geeignetem Holz im Wald entdecken sie Fußspuren. Sie sind überrascht und fragen sich: „Sind das unsere Spuren oder fremde?"

Die Meinungen gehen auseinander — das sind unsere von früher -, oder - hier waren wir noch nie-. Sie können sich nicht einigen, nur darin, das von jetzt an erhöhte Aufmerksamkeit gefordert ist. Ihre Hunde helfen ihnen wieder. Deren empfindlicher Nase und ihrem guten Gehör entgeht nichts. Wenn die Männer in den Wald gehen sind die Hunde immer dabei.

Vorsichtshalber werden jetzt auch Verschanzungen angelegt.

Bis dann plötzlich die Hunde zu knurren anfangen. Es ist nichts und niemand zusehen. Aber das Knurren der Hunde ist eindeutig. Die Männer schauen nach ihren Waffen, die sie immer bei sich tragen. Die Hunde gehen in Angriffshaltung. Sie werden zurückgepfiffen. Die Männer formieren sich, da bricht auch schon eine Horde von Angreifern aus dem Wald hervor. Die Speere fliegen hin und her, auch Steine werden geworfen. Die Verteidiger sind im Vorteil, denn sie wissen, wo sie Deckung finden können. Bald ist keine Gruppe mehr im Besitz ihrer Speere. Da kommt der Überraschungsangriff der Verteidiger mit ihren Stoßlanzen. Das kennen die anderen nicht. Sie beginnen zu fliehen. Drei von ihnen fallen. Der Rest verschwindet im Wald und kehrt nicht wieder.

Die drei toten Feinde werden ins Dorf getragen. Es herrscht die Sitte, dass tote Feinde aufgegessen werden müssen, damit deren Kraft auf die Sieger übergeht.

Es wird ein großes Feuer angezündet und die Toten werden zerstückelt. Es darf keiner etwas arbeiten, es darf keiner etwas anderes essen, bis die Feinde restlos verspeist sind, sonst wirkt der Zauber nicht. Jeder nimmt sich von den Toten die Stücke, die er möchte, gart sie über dem Feuer, nagt sie ab und wirft die Knochen in die Abfallgruben neben dem Haus.

Auch ein Verteidiger hat sein Leben verloren. Er wird feierlich bestattet. Er wird in Hockerhaltung beigesetzt, denn die Götter fordern, dass sich die Toten in der gleichen Haltung ihnen nähern müssen, wie es auch die Lebenden getan haben.

Kapitel 3 Bronzezeit

Das Land gehört dem Gott. Das Land gehört nicht den Menschen. Der Gott hat das Land den Menschen nur geliehen, um es zu bearbeiten und seine Nahrung daraus zu ziehen. Das Land ist unteilbar. Niemand kann sich ermächtigen einen Teil des Landes für sich zu beanspruchen. Niemand darf privaten Gewinn daraus ziehen.

Das Land wird vom Tempel verwaltet. Es gibt keinen Menschen, der sich Verwalter nennen darf. Die Verwaltung des Landes durch den Tempel ist anonym. Es gibt am Tempel viele Menschen, die eine bestimmte Aufgabe in der Verwaltung haben und diese im Sinne des Gottes mit strenger Gewissenstreue und sehr strickt im Sinne der Gesetze ausüben.

Da sind die Menschen, die das Land bearbeiten. Jeden Morgen erscheinen sie auf dem Land an ihrem Platz und beginnen ihre Arbeit. Sie halten das Land frei von Unkraut. Sie säen aus und bringen die Ernte ein. Ihre Ernte verwahren sie in großen Tonkrügen, den Pitöi, die in Lagerhäusern rund um den Tempel untergebracht sind.

Da sind die Menschen, die des Schreibens kundig sind.

Sie notieren peinlich genau alle Aktivitäten der Landarbeiter. Sie schreiben auf, wann einer morgens zur Arbeit gekommen ist. Sie schreiben auf, wie lange einer gearbeitet hat. Sie schreiben auf, wann einer am Ende des Tages das Land verlassen hat. Und das Wichtigste, was aufgeschrieben wird: wieviel jeder von der Ernte an den Tempel abgeliefert hat und welchen Lohn er dafür empfangen darf.

Es sind auch die Schreiber, die dafür sorgen, dass die richtige Ernte in die richtigen Pitöi kommt, dass die Pitöi vollständig gefüllt werden und dass die vollen Pitöi ordentlich verschlossen und versiegelt werden.

Ein großer Aufwand, der viele Menschen erfordert, die gegenseitig achtsam sind und irgendwelche Unregelmäßigkeiten sofort erkennen.

Bei der Verteilung der Lebensmittel sind auch wieder die Schreiber die Hauptpersonen. Sie achten auch hier peinlich genau darauf, dass Ungerechtigkeiten vermieden werden, die Gesetze eingehalten und jedes ausgegebene Gut peinlich genau dokumentiert wird.

Das Land, das dem Gott gehört ist fruchtbar, fruchtbar genug um jeden Einwohner der großen Stadt reichlich zu ernähren. Es bleiben sogar Überschüsse, mit denen man Handel treiben kann.

Am Abend des langen Tages endlich sitzen die Landarbeiter vor ihren Schilfhütten am Ufer des mächtigen Stromes und erzählen sich Geschichten aus ihrem täglichen Leben.

Dazu trinken sie Bier. Sie trinken es aus großen Tonkrügen. Es ist ein recht dicklicher Saft, in dem auch noch einige zerstoßene Gerstenkörner schwimmen. Der Saft ist berauschend und hebt die Stimmung der erzählenden Männer.

„Wisst ihr", hebt einer an, „wie unser Schreiber Tikulti zum Schreiber wurde? Ich will es euch erzählen. Ich habe es von meinem Vater. Und er beginnt: Die Familie Tikultis ist wohlhabend. Also entschied Tikultis Vater, seinen Sohn auf die Schreiberschule zu schicken. Tikulti fand das gut, denn ein Schreiber kommt gut durchs Leben. Nur vor der Arbeit hatte er Angst – in Schreiberschulen geht es bekanntlich sehr streng zu. Tikulti war kein fleißiger Schüler. Er kam oft zu spät, hatte seine Hausaufgaben nicht immer, besser, fast nie gemacht, und war unaufmerksam in der Schule. Sein Lehrer schimpfte ihn ständig aus. Oft genug war er nahe daran, Tikulti von der Schule zu verweisen. Tikulti begann die Schule zu hassen. Trotzdem wußte er natürlich, ein Schreiber hat es gut im Leben. Schreiber zu sein war erstrebenswert.

Also bat er seinen Vater, den Lehrer einmal einzuladen, ihn zu hoffieren und ihm reiche Geschenke zu geben. Der Vater stimmte dem zu.

Der Vater war nicht nur gut betucht, sondern auch gut in der Sprache. Er begrüßte den ankommenden Lehrer überschwenglich, nannte ihn Excellenz und bedankte sich mit vielen Worten bei dem Lehrer, für die gute Ausbildung, die sein Sohn bei ihm bisher genossen hatte. Der Lehrer war sehr schweigsam. Zum Essen bekam er einen Ehrenplatz zugewiesen, es wurden nur die leckersten Gerichte aufgetragen und immer wieder lobte der Vater den Lehrer für die gute und gründliche Ausbildung seines Sohnes an der Schule. Zaghaft begann der Lehrer über die vielversprechenden Fortschritte Tikultis zu sprechen. Als der Lehrer sie wieder verließ wurde er mit reichen Geschenken verabschiedet.

So konnte Tikulti Schreiber werden. Nur zum Schreiber von Kaufverträgen oder juristischen Stellungnahmen hat er es nie gebracht. Er blieb Schreiber ersten Grades. So kennen wir ihn heute."

Alles lachte.

„Aber für uns ist er ein guter Schreiber. Nie gibt es Beanstandungen."

„Da hast du Recht. Wir haben es gut getroffen."

„Ja, das haben wir. Wenn nur nicht immer des nachts Himmelsbeobachtungen angeordnet würden.

Jede besondere Erscheinung am Himmel muß an den König gemeldet werden. Und das, obwohl man den ganzen Tag gearbeitet hat. Als ich das letzte Mal dran war, bin ich fast eingeschlafen."

„Du solltest lieber nicht einschlafen, denn wenn ein anderer etwas meldet und du nicht, dann kann es dir übel ergehen."

„Zum Glück sind auch manchmal die Schreiber dran, obwohl sie so hochgeachtet werden."

„Ja, die Schreiber sind hochgeachtet, aber noch höher geachtet sind die Baumeister. Unser Baumeister Ŝarukin leitet schon wieder einen Anbau am Tempel."

Tatsächlich. Ŝarukin hat wieder einen Auftrag vom Tempel. Ŝarukin hat den Tempel gebaut, den Sockel aus Stein, die Wände aus Lehmziegeln, das Dach aus Palmwedeln mit Lehm beworfen. Er hat auch die Unterkünfte der Tempelbediensteten errichtet und auch die Magazine, in denen die Pitöi gelagert sind. Alles aus Lehmziegeln, wodurch vor allem für die gelagerten Feldfrüchte ein gutes Raumklima gesichert ist.

Seine größte Leistung war bisher die Errichtung des hohen Tempelturms, der nur die Aufgabe hat, dem ankommenden Reisenden schon von Ferne die Macht des Gottes anzuzeigen.

Jetzt also soll Ŝarukin eine Remise für den Prunkwagen des Gottes bauen. Gottheiten besuchen sich manchmal und bei den großen Entfernungen geht das nur im Wagen. Da das natürlich ein Prunkwagen sein muß, kann dieser nicht einfach im Freien geparkt werden, sondern benötigt eine angemessene Remise mit Stallungen für die Onager, die den Wagen ziehen.

Ŝarukin steckt den Bauplatz ab und legt dann das Fundament aus Stein. In das Fundament kommt eine Bauinschrift, die besagt, wer das Gebäude errichtet hat, in wessen Auftrag, zum Ruhme des Gottes und mit einem Fluch versehen, für den, der das Bauwerk schändet.

Die aufgehenden Wände werden aus Lehmziegeln errichtet. Lehm wird in großen Ziegeln, die ausschauen wie Brotleibe, in der Sonne getrocknet. Die trockenen Ziegel werden in Erdpech* getaucht und dann zur Wand aufgestapelt. Durch die Schwerkraft ergibt das eine sehr stabile Einheit. Das Dach wird wieder mit Palmwedeln gedeckt.

Als Tor ist eine schwere Holztür aus Holz vom Zedernwald vorgesehen.

Für diese Art von Bauwerken benötigt man immer einen Baumeister. Die Schilfhütten für die einfachen Leute bauen sich diese selbst.

Während Ŝarukin die Remise errichtet ist auch der Prunkwagen schon in Auftrag gegeben.

Der Prunkwagen ist aus fein gemasertem Zedernholz gefertigt. Die Speichen der Räder werden mit bunten Bändern umwickelt. Hervorragende Kanten erhalten eine Plattierung mit Goldfolie. Links und rechts am Wagen ist je eine silberne Platte in Augenhöhe angebracht, auf der der Inhaber des Wagens genannt ist und seine Taten aufgezählt sind. Im Fond des Wagens gibt es einen erhöhten Platz auf dem der Gott thront. Ein Meisterwerk der Handwerkskunst! Eines Gottes würdig!

Vom Tempel ergeht der Beschluß, sobald der Wagen fertig ist, einen befreundeten Gott damit zu besuchen.

Noch vor der Zeit der Fertigstellung des Wagens, erreicht ein fremder Bote die Stadt und spricht beim Tempel vor. Er kündigt den Besuch von Inana* an. Inana ist eine sehr mächtige Göttin und alle im Tempel fühlen sich geehrt einen solchen Besuch empfangen zu dürfen. Boten kündigen diesen Besuch in der ganzen Stadt an. Alle Einwohner geraten in helle Aufregung.

An dem vorbestimmten Tag versammeln sich alle Hohen des Tempels im Festtagsgewand auf dem Tempelvorplatz. Selbst der König ist anwesend.

Selbstverständlich ist auch der Prunkwagen des Gottes, der schleunigst fertiggestellt wurde, mit dem Gott besetzt, der so auf seinen Gast wartet.

Die Wächter am Tor geben Signal. Der Gast ist angekommen.

Voran der Prunkwagen der Inana. Dahinter eine unübersehbare Anzahl von Begleitern.

Am Tempelvorplatz angekommen, tritt der oberste Bedienstete des Tempels vor und heißt die Gäste willkommen. Unbeschreiblicher Jubel allerorten.

Der Gott der Stadt reiht sich ein. Er gewährt Inana den Vortritt und so ziehen sie unter rauschenden Ovationen die lange Prozessionsstraße hinunter. Die Menschen können sich nicht satt sehen. Der gleiche Jubel begleitet den Rückweg des Zuges.

Am Tempelvorplatz angekommen brennen dort schon die Feuer und Hammel drehen sich am Spieß über den Flammen. Auch reichlich Bier ist bereitgestellt.

Ein Festtag für die Bewohner der Stadt, auch für die Besucher. Jeder ist sicher, sich noch lange an diesen Tag zu erinnern.

Am Abend sitzen die Landarbeiter wieder vor ihren Schilfhütten, einen gut gefüllten Krug Bier vor sich, am Ufer des großen Stromes. Sie kommentieren den vergangenen Tag.

„Inana ist wirklich eine große Göttin. Ihre Zuständigkeit für Liebe und Krieg verleiht ihr große Macht."

„Als Stadtgöttin von Uruk steht ihr das auch zu."

„Sie kann zufrieden sein. Eine mächtige Göttin in einer mächtigen Stadt."

„Uruk ist durch sie mächtig."

„Sie war jedoch nicht immer zufrieden!"

„Was sagst du da?"

„Ja, vor undenklichen grauen Zeiten, als die Götter ihre Einflußbereiche unter sich aufteilten, erhielt sie die Zuständigkeiten für Liebe und Krieg. Das reichte ihr nicht. Sie wollte auch die Herrschaft über die Unterwelt."

„Frauen sind doch wirklich unersättlich!", wirft ein anderer ein.

„Du sagst es. Die anderen Götter stimmten jedoch nicht zu. Die Herrschaft über die Unterwelt erhielt ihre Schwester Eriŝkigal. Inana schäumte vor Wut über diese Zurücksetzung. Wenn man mir die Unterwelt nicht geben will, so werde ich sie mir holen! So war ihr Entschluß. Sie wartete bis alles vergessen war, dann lud sie ihre Götterkollegen zu einem Abendessen ein. Sie kamen alle, wurden bestens bewirtet und auch Trank gab es reichlich. Als alle gesättigt waren stellte sie vor jeden noch einen Krug Wasser hin und legte Brot dazu. „Was soll das?", fragten alle erstaunt. Sie eröffnete ihnen, sie wolle in die Unterwelt. Damit sie nicht vergessen werde, solle jetzt jeder einen Krug Wasser trinken und das Brot essen. So würden sie jedes Mal, wenn sie Wasser tränken und Brot äßen an sie erinnert.

Dann ging Inana in die Unterwelt, um dort die Macht an sich zu reißen. Aber ihre Schwester Eriŝkigal war stärker. Sie tötete Inana und hängte ihren Leichnam an einen Nagel.

Nach geraumer Zeit aß Ea, der Gott der Weisheit, Brot und trank Wasser. Da erinnerte er sich an Inana und er erkundigte sich bei seinen Kollegen nach ihrem Verbleib. Ihr Gang in die Unterwelt sei fehlgeschlagen, sie sei tot wurde ihm beschieden. Da ersann er eine List, um sie ins Leben zurückzuholen. Seine List gelang und Inana kehrte zu den Lebenden zurück. Sie blieb Göttin der Liebe und des Krieges."

„Das ist eine herbe Geschichte, die du da erzählst. So hat halt jeder seine Grenzen."

„So ist es", stimmte der Sprecher zu.

Tags darauf machte ein Handelsschiff am Pier fest. Da der Platz am Pier gleichzeitig als Markt diente, war das Schiff sofort umstanden von Menschen. Sie waren neugierig.

„Wo kommst du her?"

„Wie lange bist du schon unterwegs?" und was noch alles.

„Jetzt lasst mich doch erst mein Boot vertäuen, damit es sicher am Ufer liegt."

Das dauerte eine Weile und die Menge zerstreute sich wieder.

Nur einer war hartnäckig.

"Wo kommst du her?"

„Aus Ur."

„Willst du Handel treiben?"

„Ja."

„Welche Ware hast du dabei?"

„Kupfer, Zinn, Karneol und Lapislazuli."

„Aber das kann doch unmöglich aus Ur stammen."

„Nein, ich habe es dort nur übernommen."

„Weißt du denn wo es herkommt?"

„Ja, ich kenne die Wege. Gewonnen wird das alles in Baktrien*. Ein Land hoch oben in den Bergen, ein felsiges Land, weit, weit weg von hier in Richtung aufgehender Sonne. Die Leute dort schlagen große Löcher in die Felsen und finden da Metalle wie Kupfer und Zinn, auch einige andere. Die Kunden wollen aber Kupfer und Zinn, man kann daraus sehr leicht gute Waffen herstellen. Es gibt dort auch viele edle Steine. Nicht nur Karneol und Lapislazuli. Ich kann aber nur das mitnehmen, was ich auch verkaufen kann.

Was aus der Erde kommt wird zu einem großen Fluß* gebracht, wo Flußschiffer die Ware übernehmen und den Fluß hinunterbringen bis Meluchcha* einer großen Hafenstadt. Dort ist die Kunst der Flußschiffer am Ende. Aufs Meer hinaus können sie nicht. Dafür stehen Schiffe aus Dilmun* bereit, die die Ware übernehmen. Sie bringen die Ware bis Ur, wo sie dann wieder von Flußschiffern, wie ich einer bin, übernommen werden. Natürlich bleibt auch einiges in Ur. Wir müssen uns mit dem begnügen, was übrigbleibt. Aber wir kommen damit gut zurecht."

„Und jetzt willst du hier damit Handel treiben? Was machst du mit dem was übrig bleibt, oder mit dem, was du dafür eintauscht?"

„Das bringe ich weiter nach Mari*. Dort wird die Ware auf Eselskarren verladen, die entweder nach Norden ziehen, ins Land Hatti* oder nach Westen, nach Phönikien*. Meine Fahrt ist in Mari zu Ende und ich kehre zurück nach Ur."

„Und aus Mari bringst du dann Ware aus Hatti oder aus Phönikien mit?"

„Ja, du bist sehr interessiert. Bist du Händler?"

„Ja."

„Was hast du anzubieten?"

„Schafwolle und Getreide, auch gebrannte Tonwaren oder gewebte Tücher."

„Das interessiert mich. Wir sollten ins Geschäft kommen."

Die beiden kommen tatsächlich ins Geschäft. Auch andere Kaufleute lassen sich diese Gelegenheit nicht entgehen.

Nach drei Tagen legt der Schiffer zufrieden ab und setzt seine Reise nach Mari fort. Er denkt sich, wenn meine Handelsreisen weiterhin solchen Erfolg haben, dann muß ich mir über meine Zukunft keine Gedanken machen. Wenn man nur in die Zukunft schauen könnte.

Diesen Wunsch hat er nicht allein. Er teilt ihn mit allen Menschen und alle glauben daran, dass es Zeichen gibt, die Zukünftiges offenbaren. Wenn man diese Zeichen nur deuten könnte.

Auch der König glaubt an solche Zeichen, besser gesagt, ist fest davon überzeugt, dass es solche gibt. Wer regiert muß in die Zukunft schauen können. Zukunft zu beherrschen bedeutet Macht. Um hier nichts zu versäumen, hat er eine Zukunftskommission eingesetzt. Diese Kommission sammelt alle Hinweise auf außergewöhnliche Erscheinungen, einschließlich der Ergebnisse aus

Leberschauen, aus dem gesamten Reich und wertet sie aus, indem die Mitglieder der Kommission ihr ganzes Fachwissen und ihre Erfahrungen einsetzen. So beraten sie ihren König sehr kompetent und geben ihm die Möglichkeit, zukünftiges handeln zu planen und im richtigen Moment richtig tätig zu werden.

Alle Zeichen, die zukunftweisend sein könnten, müssen gemeldet werden, zum Beispiel: ungewöhnlicher Vogelflug, ungewöhnliche Rauchentwicklung oder Rauchaufstieg, Wetterleuchten oder Blitzschläge.

Ganz wichtig sind auch außergewöhnliche Erscheinungen am Himmel. Die Landarbeiter haben ja schon davon gesprochen. Im Himmel wohnen die Götter. Sie geben ihren Willen durch ihre Wege kund, die sie am Himmel gehen. Deshalb zwingt die Zukunftskommission jedes Dorf, jede Stadt im Reich, jede Nacht einen Himmelsbeobachter zu ernennen, der Ungewöhnliches am Himmel, wie Kometen, fallende Sterne, sich ändernde Wege der Wandelsterne an die Kommission zu melden hat.

Ganz wichtig sind Leberschauen. Aus dem Zustand der Leber eines Opfertieres lässt sich sehr präzise die Zukunft ermitteln oder auch nur eine wichtige Frage beantworten. Will der König auf einem Kriegszug einen Fluß überschreiten, so fragt er die Leber eines Opfertieres, ob dieser Übergang erfolgreich sein wird oder besser unterlassen werden sollte. Auch Privatleute können solche Leberschauen veranlassen. Denke man sich einen Kaufmann, der wissen will, ob ein Geschäft Erfolg bringt oder nicht. Er muß das Opfertier stellen, zum Beispiel ein junges Lamm, und einen Opferpriester finden, der die Regeln für ein solches Opfer beachtet und über genug Weisheit verfügt, um aus dem Zustand der Leber auf Zukünftiges schließen zu können.

Zunächst muß der richtige Tag für das Opfer ausgewählt werden. Es gibt Tage im Kalender, da kann ein Opfer nicht gebracht werden, denn es wäre sinnlos. Hat der Priester schließlich den richtigen Tag gewählt, muß an diesem Tag auch der Himmel frei sein. Der Schirmherr der Opfer ist der Sonnengott Schamasch. Der Opferpriester muß am frühen Morgen des Opfertages Schamasch in die Augen sehen können und ihn bitten, nur Gutes in das Opferlamm hineinzulegen. Jetzt kann er das Tier töten und die Leber herausnehmen. Die Beurteilung der Leber dauert sehr lange, denn das Organ ist in viele Zonen unterteilt und jede Zone hat seine bestimmte Bedeutung.

Wie die Schreiber müssen auch die Opferpriester eine lange Lehrzeit hinter sich gebracht haben. Ist das Zeremoniell dann zu Ende, ist das Tier für die Götter wertlos und es kann verspeist werden.

Wieder sitzen einige Landarbeiter vor ihren Schilfhütten, einen gut gefüllten Bierkrug vor sich, am Ufer des großen Stromes.

Einer von ihnen brummelt etwas unzufrieden vor sich hin.

„Was hast du heute nur?"

„Ach, ich muß wieder die ganze Nacht auf dem Dach meines Hauses sitzen und den Himmel beobachten."

„Du bist nicht zu beneiden."

„Ich weiß gar nicht, warum das nötig ist. Wer kann damit etwas anfangen?"

„Der König. Ich kann dir dazu eine Geschichte erzählen, die das erklärt. Sie ist ziemlich lange und wird dich eine Weile wachhalten."

„Also gut, fange an!"

„Die Geschichte ist sehr alt. Sie stammt aus grauer Vorzeit, als die Götter Menschen waren. Da mußten sie arbeiten. Sie mußten Berge aufschütten, Flüsse graben, Ebenen glätten, in der Wüste Sanddünen aufschütten und was weiß ich, was noch alles. Es war eine üble Schufterei. Da gab es allerdings auch noch andere Götter, Himmelsgötter, die ließen es sich derweil gutgehen. Kein Wunder, wenn es zum Aufstand kam. Die Himmelsgötter bekamen große Angst und waren zu jedem Kompromiss bereit. Doch Ea, der Gott der Weisheit, fand eine Lösung. Sein Vorschlag war: lasst uns Menschen machen! Die übernehmen dann alle Arbeit. Der Vorschlag fand allgemein Beifall. Die Göttin der Fruchtbarkeit bekam den Auftrag, Menschen zu machen. Die Ruhe war wieder hergestellt.

Die Götter hatten die Menschen nach ihrem Bilde gemacht. Also waren auch die Menschen unsterblich. Sie vermehrten sich mit großem Eifer und überschwemmten bald die ganze Erde. Dabei wurden sie immer lauter.

Das störte Enlil, den obersten der Götter in seiner Ruhe. Als es ihm zu viel wurde, beschloss er, die Menschen zu vernichten. Ea war dagegen, denn dann würde es wieder zum Zwist unter den Göttern kommen. Enlil aber blieb hart. Er schickte den Menschen Krankheit, Heuschrecken, Hungersnot und zuletzt, als alles nichts bewirkte, eine gewaltige Flut, die alles hinwegschwemmen sollte. Ea jedoch gelang es immer wieder, die Menschen rechtzeitig zu warnen, sodass ihnen nichts geschah.

Es kam zum Zwist zwischen Enlil und Ea.

Ea fand einen Ausgleich: den Menschen sollte der Tod gegeben werden, so konnten sie sich nicht mehr ungehemmt vermehren.

So siehst du also, es ist wichtig in die Zukunft schauen zu können, um Unheil abzuwenden. Ea wird nicht mehr auf die Erde kommen. Also muß der König vorausschauen, um sein Volk vor Schaden zu bewahren."

„Jetzt sehe ich ein, warum es wichtig ist, die Zukunft zu kennen. Ich gehe mit Freuden auf mein Dach, um den Himmel zu beobachten. Verlasst euch nur auf mich."

Die astronomischen Beobachtungen waren nicht nur den Zukunftsdeutern eine Hilfe. Die Bewegungen der Wandelsterne, die anfangs rein zufällig erschienen und auf die Bewegungen von Göttern hindeuteten, wurden im Laufe der Jahrhunderte in ihrer Regelmäßigkeit erkannt und führten so von der Astrologie zur Astronomie. Die Landarbeiter, die diese Beobachtungen machen mußten, ahnten nicht, welchen Wandel die Bewertungen ihrer nächtlichen Mühen durchmachten. Nur der König bleibt davon vollständig unberührt. Ihn interessiert nur der Blick in die Zukunft.

Und so kommt es, dass er zu einem neuen Kriegszug aufruft. Er schickt Boten in alle Dörfer und Städte seines Reiches und ruft die wehrfähigen Männer auf, sich zu sammeln. Es braucht seine Zeit bis das Feldlager, das er zur Sammlung seines Heeres eigens errichtet hat, sich füllt. Das Feldlager liegt weit draußen in der Wüste. Sogar weit ab seiner eigenen Stadt. Das verhindert den Umtrieb der Soldaten in den Siedlungen und den vielleicht aus Langeweile begangenen Untaten. Soldaten sind nur durch eiserne Zucht zu beherrschen. Da sein Feldzug zunächst durch die Wüste führen wird, muß der König natürlich für ausreichende Verpflegung seiner Truppen sorgen. Sobald man besiedeltes Gebiet erreicht hat, kann man ja plündern, wenn man stark genug dazu ist. Doch bis dahin müssen die Vorräte reichen.

Für den Vorrat an Essbarem ist leicht zu sorgen. Dafür sind lebende Schafe und Lämmer vorgesehen. Natürlich brauchen auch die Tiere Futter, aber dafür sorgen sie meistens selbst. Viel schwieriger ist es Trinkbares zu transportieren. Soldaten sind nicht immer nur mit Wasser zufrieden. Es gilt ausreichende Mengen gefüllter Schläuche mit sich zu führen. Zu deren Transport ist eine ganze Eselskarawane vorgesehen. Und bevor der Zug abmarschiert muß dieses Lager auch noch vor Plünderern geschützt werden. Da die Bewacher auch Menschen sind, müssen die Bewacher auch bewacht werden. Dazu werden geheime Beobachter vorgesehen.

Ein Heer aufzustellen ist eine leichte Aufgabe verglichen mit der Aufgabe, es zu versorgen.

Endlich war alles vorbereitet und alle Kämpfer waren eingetroffen. Der König ließ sie antreten, geordnet nach ihrer Bewaffnung. Da waren Bogenschützen, ihre Pfeile mit Bronzespitzen versehen, ebenso wie die Lanzenspitzen der Lanzenträger. Es gab auch Kämpfer, die mit Keulen bewaffnet waren. Fast alle hatten am Gürtel Dolche aus Bronze.

Der König befahl seinen Unterführern die Waffen zu überprüfen. Endlich war die Truppe marschbereit.

Der Abmarsch wurde für den nächsten Tag nach Sonnenaufgang festgelegt, vorausgesetzt die Zeichen, die noch erfragt werden mußten, waren günstig.

Der König ließ einen Opferpriester aus der Stadt ins Lager kommen. Dieser wählte am nächsten Morgen ein Lamm aus, das geopfert werden sollte. Zu rechten Zeit standen die Truppen in Marschordnung zur aufgehenden Sonne. Kaum zeigte sich Schamasch am Himmel, begann der Opferpriester mit dem Zeremoniell. Er studierte sehr aufmerksam die Leber des Tieres, denn eine Fehldiagnose wäre verheerend gewesen.

Schließlich meldete er den erfolgreichen Ausgang des Kriegszuges und der König gab den Befehl zum Abmarsch. Solange das Heer auf eigenem Territorium marschierte, bildeten sich Haufen mit Leuten, die sich untereinander sympathisch fanden. Es bestand ja keine Gefahr. Sobald das eigene Gebiet verlassen war, ordnete der König seine Truppen neu.

Da gab es eine Vorhut. Mehrere Gruppen aus wenigen Männern, beweglich, die ausschwärmen sollten, den Weg zu erkunden und Feinde rechtzeitig zu melden.

Die Hauptmacht flankierte den Tross zu beiden Seiten, um ihn vor Überraschungsangriffen zu schützen. Den Abschluss der Marschkolonne bildete die Nachhut, eine starke Truppe, die die Hauptmacht vor Umgehungen schützen sollte.

Zur Meldung von Gefahr und um Kommandos deutlich zu machen, trugen die Anführer der einzelnen Gruppen Standarten.

Allen voran ritt der König. Dann die Gruppen der Vorhut, die Hauptmacht, und mit Abstand die Nachhut. Diese Marschordnung war beschwerlich und die Truppe näherte sich nur langsam dem Ziel des Angriffs.

Der König hatte allen seine Nachbarn angezeigt, dass er einen Feldzug unternehmen würde. Nur wohin es ging, hatte er verschwiegen. Seine Schreiber hatten für die Niederschrift der Nachricht Tontafeln verwendet und sich der akkadischen Sprache, in Keilschrift geschrieben, bedient. Akkadisch war die übliche Sprache im internationalen Verkehr. Natürlich wurden hier auch andere Sprachen gesprochen, aber Akkadisch wurde überall verstanden, selbst in Ägypten.

Der König ließ auf allen Tontafeln alle Empfänger seiner Nachricht aufzählen, so passten sie gegenseitig auf sich auf. Zusätzlich ließ er noch niederschreiben, wie groß die Truppen waren, die er in seinem Land zurückgelassen hatte. So konnte er doch ziemlich sicher sein, dass keiner seine Abwesenheit nutzte und in Versuchung geriet, in seinem Land Beute zu machen. Ein tiefes Vertrauen unter den Königen in seiner Nachbarschaft war nicht gegeben.

Ebenso mußte der König dafür Sorge tragen, dass ihm die Regentschaft in seinem Land nicht entglitt, während er auf Kriegszug war. So ordnete er an, schon einen Tag nach seinem Abmarsch, sollte ein Bote aus seiner Stadt abgeschickt werden mit den neuesten Nachrichten über alle Vorkommnisse in der

Stadt. Mit der Ausführung dieses Befehls beauftragte er den Tempel. Dort gab es die besten Schreiber und Verrat mußte er von dort nicht erwarten. Und so sollte es weitergehen. Jeden neuen Tag sollte ein neuer Bote losgeschickt werden.

Er wollte immer genau im Bilde sein über das was in seiner Stadt vorging und ob seine Befehle eingehalten würden. Denn jeder ankommende Bote durfte zwei Tage bei der Truppe verweilen und wurde dann mit den Befehlen des Königs zurückgeschickt.

Ab und zu schickte er einen oder auch zwei seiner Soldaten auf den Weg. So erhielt er unabhängige Nachrichten und konnte deren Richtigkeit kontrollieren. Das wurde immer wichtiger, je größer die Entfernung von seiner Stadt wurde, denn desto länger waren die Nachrichten unterwegs. Er traute keinem.

Das Leben in der Stadt ging seinen üblichen Weg. Der Tempel sorgte für die Versorgung der Bevölkerung. Die nächtlichen Himmels-beobachtungen wurden nicht unterbrochen. Bemerkenswerte Beobachtungen wurden an die Zukunftskommission übermittelt, die ihre Schlüsse daraus zog und diese an den König weitergab. Fahrende Händler kamen und gingen. Menschen wurden krank und wieder gesund. Menschen wurden geboren, Menschen starben. Ganz normales Leben.

So kommt auch die Krankheit plötzlich über einen reichen Kaufmann, der sich auf einmal nicht mehr wohlfühlt. Hat er zu viel gegessen? Hat er zu viel Bier getrunken? Morgen wird es sicher besser sein. Es ist nicht besser. Auch tags darauf ist es nicht besser.

Eines Abends sitzen wieder einige Landarbeiter vor ihren Schilfhütten, am Ufer des großen Stromes. Ein gut gefüllter Krug Bier sorgt für ihre Zufriedenheit.

„Ein reicher Kaufmann in unserem Viertel sei schwer krank geworden, sagt man. Weiß jemand etwas davon?" fragt ein Landarbeiter.

„Ja, ich," antwortet ein anderer.

„Einer seiner Sklaven hat mir davon erzählt. Ja, er hat mir sogar haarklein davon erzählt, wie das alles abgelaufen ist."

„Gut, dann erzähl uns jetzt alles was du weißt!"

Der Gefragte ist darüber ganz stolz und beginnt:

„Der Kaufmann ruft seinen Sklaven: geh, und hole mir den Aŝu*!"

„Ich glaube, du brauchst den Aŝipu*!"

„Der Aŝipu ist mir zu teuer, der Aŝu tuts auch!"

„Der Aŝu ist mit dem König auf dem Kriegszug, dort ist er auch viel besser am Platz. Der Aŝu heilt Wunden. Du aber hast keine Wunden."

„Gut, dann hole mir den Aŝipu!"

Der Aŝipu lässt nicht lange auf sich warten. Er betrachtet den Patienten und beginnt zu fragen:

„Hast du Unrecht getan? Hast du einen Meineid geschworen? Hast du für minderwertige Ware zu viel genommen?"

„Nein, ich habe kein Unrecht getan. Ich habe immer im Sinne der Götter gehandelt. Ich habe mir nichts vorzuwerfen."

„Gehorcht dir deine Dienerschaft?"

„Nein, sie gehorcht mir nicht mehr."

„Kannst du gute Geschäfte abschließen?"

„Nein, das bringe ich nicht mehr fertig."

„Du hast Mamitu*. Ich werde zuerst die Götter anrufen, um zu erfahren, ob deine Vorfahren Schuld auf sich geladen haben, oder ob du selbst Schuld auf dich geladen hast, ohne es selbst zu wissen."

Der Aŝipu wendet sich von dem Kranken ab und flüstert eine Beschwörungsformel. Nach einer kleinen Pause flüstert er die Beschwörungsformel noch einmal. Dann hört er eine Weile still in sich hinein, ohne sich im Geringsten zu bewegen. Er scheint wie in Trance.

Plötzlich kommt wieder Leben in seinen Körper. Er dreht sich zu dem Kranken um und sagt: „Die Götter haben untereinander beraten. Sie sagen, deine Vorfahren trifft keine Schuld. Sie haben immer nach den Gesetzen gelebt. Also mußt du an deiner

Krankheit selbst Schuld haben, auch wenn du dich nicht mehr daran erinnerst."

Der Kranke spricht: "Was also muß ich jetzt tun?" „Du kannst gar nichts tun," sagt der Aŝipu. „Ich werde jetzt die Götter der Reihe nach abfragen, welchen du beleidigt hast. Er wird mir dann sagen, wie du deine Schuld sühnen kannst."

Der Aŝipu wendet sich wieder ab und beschwört die Götter der Reihe nach, sich zu offenbaren. Das dauert diesmal sehr lange. Doch plötzlich wendet er sich wieder dem Kranken zu und sagt voll Erstaunen.

„Es ist unser Stadtgott selbst, der mit dir unzufrieden ist. Du mußt ihn versöhnen."

„Was soll ich tun?"

„Du wirst die Nacht heute im Tempel verbringen. Dabei wirst du Beschwörungen sprechen, die ich dich noch lehren werde. Du mußt sie, ohne etwas zu vergessen, immer wieder genau rezitieren. Auch solltest du dabei reichlich Opfer bringen. Morgen früh werden wir dann sehen."

Mit diesen Worten verabschiedet sich der Aŝipu.

Der Patient führt alles was der Aŝipu gesagt hat genau aus. Auch mit Opfern ist er nicht kleinlich. Er schafft es sogar die Nacht durchzuwachen.

Am Nächsten Morgen kommt der Aŝipu wieder. Er findet einen müden, doch hoffnungsfrohen

Patienten vor. „Es ist Zeit, mit der Behandlung zu beginnen."

Er nimmt an dem Patienten Waschungen des Unterleibs vor. Er nimmt dazu Wasser in dem die ganze Nacht Heilkräuter geschwommen haben.

Er sagt dazu: „Krankheit ist nicht nur durch eine Verunreinigung der Seele verursacht, auch eine Verunreinigung des Körpers kann das bewirken."

Er wiederholt die Kur drei Tage lang. Dadurch verbessert sich der Zustand des Kranken entscheidend. Am dritten Tage sagt er, jetzt müsse die Krankheit endgültig aus dem Körper hinaus!

Er formt ein kleines Püppchen aus Ton und verbindet dieses mit einer Schlaufe mit dem Handgelenk des Patienten. So muß dieser die Nacht verbringen.

Am nächsten Morgen ist der Patient gesund - die Krankheit ist in das Püppchen gewandert.

„Du hast Glück gehabt!" erklärt der Aŝipu. „Wenn du von einem Dämon besessen gewesen wärest, hätte ich dir nicht helfen können. In die Sphäre der Dämonen können wir Menschen, auch wir Aŝipus nicht vordringen. Denke nur an die Dämonin Lamashtu. Wenn sie an einer Wiege erscheint, ist das Kind verloren. Sie tut so, als würde sie es säugen, in Wirklichkeit zieht sie alle Lebenskraft aus dem Kind heraus. Dämonen sind schrecklich."

„Was geschieht jetzt?", wollte der Patient wissen.

„Ich werde dich jetzt von dem Püppchen befreien und es an einem geheimen Ort beerdigen. Es wird deine Krankheit bei sich behalten, wenn ich nur ein großzügiges Opfer von dir mit dem Püppchen beerdigen kann. Dann wird deine Krankheit nie wieder zu dir zurückkehren. Beachte nur immer die Gesetzestafeln* einzuhalten."

„Das ist sicher ein weiser Rat," sagt einer der Zuhörer ergriffen. „Weiß man denn, ob der Kaufmann wieder ganz gesund geworden ist?"

„Ja, er ist heute wieder ganz gesund."

„Das war sicher eine sehr teure Heilung. Wir könnten uns das nicht leisten. Wir müssen ganz einfach gesund bleiben."

„Das ist sehr weise, was du da sagst."

Überall in der Stadt kann man sich mit den Gesetzestafeln vertraut machen. Sie sind sehr streng abgefasst und berühren alle Bereiche des täglichen Lebens. Übertretungen werden hart geahndet. Im schlimmsten Fall ist auch der verordnete Weg in die Sklaverei nicht ausgeschlossen.

Nach langer Zeit kommt endlich der König mit seinen Truppen von seinem Feldzug zurück. In der Stadt kennt man alle Vorkommnisse des Feldzuges, genau wie der König über alle Vorkommnisse in der Stadt Bescheid weiß.

Die Bürger erwarten eine im Licht des Sieges strahlende Truppe. Tatsächlich aber war der Feldzug sehr kräftezehrend, alle, die daran teilgenommen haben sind äußerst erschöpft und froh wieder zu Hause zu sein.

Als Beute haben die Truppen viele Gefangene mitgebracht. Der König lässt ihnen die Fesseln abnehmen. Eine Flucht ist nicht möglich, denn die Fremden kennen die Sterne nicht und würden den Weg nicht finden. Zudem verläuft der Weg zurück durch die Wüste und woher sollten die Vorräte für diesen Weg kommen?

Die Neuankömmlinge bekommen vor der Stadt Land zugeteilt, auf dem sie ihre Häuser bauen können. Sie werden dem Tempel unterstellt und mit den Landarbeitern gleichrangig behandelt. Die Schreiber sind dafür verantwortlich, dass sie nicht ungerecht behandelt werden. Es dauert nicht lange, und sie werden im Stadtbild gar nicht mehr wahrgenommen.

Nur ihre Sprache geben sie nicht auf. Wie andere vor ihnen auch nicht.

Die vielen Kriegszüge des Königs haben viele Fremde in die Stadt gebracht. Sie leben nach ihren Traditionen und sprechen ihre Sprache.

Nicht verwunderlich, wenn sich all die Bewohner der Stadt untereinander nicht mehr verstehen.

Kapitel 4   Eisenzeit

Dogulug, unser Fürst, ruft alle Freien, Mann und Frau, seines Stammes zur Versammlung in zehn Tagen. So verkünden es Herolde an allen Siedlungsplätzen des Stammes, seien es Dörfer, Weiler, Gehöfte, wo und wie auch immer die Menschen sich niedergelassen haben.

Der Fürst lebt mit seinen Kriegern, Handwerkern, Bediensteten, Druiden, Barden und sonst allen ihm nahestehenden an einem befestigten Platz. So ist jedem klar wo die Versammlung stattfinden wird.

Es sind alle gekommen. Dogulug beginnt seine Rede:

„Freunde, schon lange leben wir hier an diesem Ort. Wir haben uns die Natur hier untertan gemacht. Wir haben keine Feinde die uns diesen Platz streitig machen -und wenn das so wäre, würden wir sie davonjagen oder zu unseren Sklaven machen. Nur eines stimmt mich bedenklich, unsere Ernteerträge werden von Jahr zu Jahr geringer. Bald werden wir von dem Land, das wir bebauen nicht mehr leben können. Auch unsere Jäger bringen immer weniger erlegte Schweine von ihren Streifzügen mit.

Ihr wisst alle, was das heißt; denn in dieser Situation waren wir schon einmal. Wir müssen uns einen neuen Siedlungsplatz suchen. Für ein solches Vorhaben ist jetzt die beste Zeit. Unsere Speicher sind gefüllt und die Aussaat steht noch bevor. Sparen wir uns unser Saatgetreide bis wir einen neuen Siedlungsplatz haben. Wir dürfen mit dem Umzug nicht lange warten.

Ich habe für uns beschlossen, in zehn Tagen diesen Platz hier zu verlassen. Versammeln wir uns also in zehn Tagen wieder hier mit all unserem Hab und Gut, fertig zum Auszug. Ferner habe ich beschlossen, an unserem letzten Tag hier ein großes Fest zu geben. Ich werde reichlich Schweinefleisch bereithalten, auch an Wein wird es nicht fehlen. Das wird uns den Abschied erleichtern."

Der Fürst hat wirklich nicht zu viel versprochen. Die Tafeln biegen sich unter dem Schweinefleisch; gut gefüllte Weinkrüge sind reichlich vorhanden.

Das Gelage dauert Stunden. Es bleibt nichts übrig. Die Krieger lassen von dem Wein, den sie ungemischt trinken, nicht ab, bis auch der letzte Tropfen durch ihre Kehle gelaufen ist. Das beeinflusst aber nicht ihre Tatkraft – sie werden ihre Aufgaben erfüllen.

Zum Abmarsch teilt Dogulug seine Krieger ein. Drei Gruppen reiten voraus und erkunden das Gelände um den besten Weg zu finden. Es geht in Richtung

Mittagssonne. So suchen sie einen Weg in der Richtung aus der der große Strom*, der sie in nicht zu großer Ferne begleitet, kommt. Die Männer der drei Gruppen nehmen ihre Waffen, steigen auf ihre Pferde und reiten sofort los. Der ganze Zug folgt langsam nach. Die große Masse der Krieger bildet die Nachhut. So ist der Zug gut geschützt. Der Fürst selbst führ die Nachhut.

Der Zug besteht aus hölzernen Karren, vollbeladen mit den Habseligkeiten des ganzen Volkes. Die Karren werden von Pferden gezogen und von Frauen geführt. Die Karren sind lenkbar und laufen auf hölzernen Speichenrädern, die mit Eisen beschlagen sind. Nicht alle Frauen sitzen auf den Karren, einige sind zu Pferd. Diese passen auf die Herden auf, Schafe und Ziegen hauptsächlich, die der Zug mitführt. Es ist klar, der Zug kommt nur langsam voran.

Nur wenige Tage und ein Reiter der Vorhut kommt angesprengt und er berichtet dem König, sie hätten einen Platz gefunden, ideal für ein neues Siedlungsgebiet ihres Stammes.
Der König beschließt die Nachhut zu verlassen und sich das vorgeschlagene Land selbst anzusehen. Er findet am Rande der großen Ebene einen Berg, nicht

sehr hoch, mit zwei Gipfellagen. Dahinter ergießt sich aus dem Bergland kommend ein sprudelnder Fluß, der in der weiten Ebene gemächlich davonfließt. Eine fruchtbare Ebene offenbar.

Die Reiter der Vorhut und der König schauen sich diesen Platz genau an. Alte Siedlungsspuren sind nicht zu finden, der Platz wartet geradezu auf eine Besiedlung. Der König wendet sich an seine Reiter:

„Das ist genau der Platz, der für uns Kelten geschaffen ist!"

Rund um die Gipfellagen entsteht ein Ringwall* aus Holzpalisaden. Baumbestände dafür sind genug vorhanden. Innerhalb der Palisade wird Erdreich angeschüttet, um so den Ringwall leichter verteidigen zu können. Etwas zurückgesetzt wird zusätzlich ein innerer Ringwall errichtet, auch aus Holzpalisaden. Zwischen den Ringwällen entsteht ein Ritualschacht*. Auch wird zwischen den Wällen ein ergiebiger Brunnen* gegraben. Den Göttern und Menschen ist damit genüge getan.

Die Besiedlung des Inneren des Ringwalls geht nur langsam von statten. Die ersten Häuser aus Holz entstehen angelehnt an den Ringwall. Und wirklich, das erste fertiggestellte Haus ist das Haus des Schmieds Rolod und seiner Frau Lizsd. Und gleich neben dem Haus des Schmieds entsteht seine Werkstatt. Die Eile mit der die Werkstatt entsteht ist berechtigt, denn der Schmied ist auch einer der wichtigsten Handwerker in der Gemeinschaft. Mit allem was an ihren Gerätschaften zerbrochen ist oder verschlissen, kommen die Menschen zu ihm. Rund um das Pferd aber hat er seine wichtigste Beschäftigung. Er muß ihre Hufe beschlagen und ihre Zügel in Ordnung halten. Auch das Geschirr zum Ziehen der Wagen bedarf immer wieder einer Reparatur. Und mehr noch die Bereifung der Räder und deren Naben.

Die Räder werden mit Eisen beschlagen. Eisen gibt es genug im Lande. Immer wieder kommen fahrende Händler vorbei, die diesen wertvollen Rohstoff anbieten. Es herrscht kein Mangel. Die Reparatur der Naben ist eigentlich die Arbeit des Stellmachers. Rolod jedoch hat eine Methode gefunden, die Naben aus Bronze zu gießen. Diese Naben erfreuen sich großer Beliebtheit. Nur der Rohstoff ist knapp. Rolod weiß nur, das Metall kommt über das Meer und wird in Massalia* angelandet. Von dort aus werden die Metalle Kupfer und Zinn über Flüsse und auch auf dem Landweg ins Innere des keltischen Landes gebracht und dort an bestimmten Stellen, an Handelsplätzen, angeboten.

Jetzt hat Rolod das Problem – der Stamm ist ja umgezogen – und er weiß nicht, wo der nächste Handelsplatz ist. Er braucht diese Metalle dringend. Nicht nur für die Fertigung der Naben für die Wagenräder. Er schlägt auch Münzen daraus oder fertigt Waffen und vieles andere mehr. Obwohl er doch schon sehr gut mit Eisen umzugehen weiß, nimmt er dieses Material sehr gerne, denn es ist sehr viel leichter zu bearbeiten.

Also geht er zu Dogulug und schildert seine Not.

Der entscheidet sofort einen Trupp von Kriegern auszuschicken. Sie sollen entlang des nahegelegenen Stromes nach einem Handelsplatz suchen. Dort wird man am Leichtesten einen solchen finden.

Die Krieger rüsten sich und machen sich sofort auf den Weg. In der Ebene kommen sie sehr schnell voran. Zu ihrer Linken haben sie den Fluß, der unmittelbar bei ihrer neuen Siedlung aus den Bergen herauskommt. Sie vermuten zurecht, irgendwo muß doch dieser Fluß in den großen Strom münden. An dem wollen sie dann entlang reiten, in der Hoffnung bald einen Handelsplatz zu finden.

Es dauert nur einen Tagesritt und sie gelangen an den großen Strom. Das Land ist sumpfig, sie werden von Stechmücken geplagt. Für ihr Nachtlager ziehen sie sich besser wieder etwas vom Fluß zurück.

Am nächsten Morgen kehren sie an den Strom zurück und bemerken ein Handelsschiff, das mit der Strömung bald in ihrer Nähe vorbeikommen wird.

„Wo wollt ihr hin?"

„Noch eine Meile," ruft es zurück, „dort ist unser Ziel, wo wir ankern werden."

Die Krieger folgen dem Strom in die gleiche Richtung. Sie finden bald einen befestigten Platz mit einem Hafen, in dem einige Schiffe ankern. Sie begehren Einlass in die Befestigung und trauen ihren Augen nicht. Ein lebhafter Handelsplatz.

Der Torwächter fragt sie, was sie wollen.

„Wir siedeln in den Bergen Richtung aufgehender Sonne und wir suchen einen Platz, wo wir unseren Bedarf decken und unsere Waren anbieten können."

„Dann geht nur zu Lugug, er ist der Vorstand von diesem Platz."

Sie erklären Lugug, sie brauchen vor allem Zinn und Kupfer, sie lieben griechische Vasen und etruskischen Wein. Sie bieten dafür Geschirr aus gebranntem Ton, Geschirr und Kessel aus Bronze, auch Waffen aus Bronze, sie können Eisen anbieten, roh oder bearbeitet sowie Bernstein und Salz. Auch je nach Jahreszeit Gerste und Schweinefleisch.

Lugug ist zufrieden.

„Ich werde euch einen Platz einrichten, wo ihr eure Waren anbieten könnt und einen Schuppen als Lager und als Schlafplatz für euch. Dafür müßt ihr mir von eurem Gewinn etwas abgeben. Wenn ihr damit einverstanden seid, könnt ihr kommen wann ihr wollt."

Ihre Suche war erfolgreich!

Dogulug war zufrieden.

Zufrieden war auch Rolod der Schmied. Hatte er doch jetzt wieder genügend Material, um seiner Arbeit neuen Glanz zu verleihen. Der Stamm war reich genug um an dem Handelsplatz alles einzutauschen, was er benötigte.

Rolod begann nun Waffen zu schmieden. Schwerter fertigte er nach wie vor aus Eisen, aber Pfeilspitzen, Lanzenspitzen, Dolche und Messer entstanden aus Bronze. Alles wurde reich verziert, vor allem die Schwerter. Das Schwert zeigte die Geschichte des Schwertträgers. Auch Schmuck entstand – nicht nur zur Zierde der Frauen – auch die

Männer liebten es ihren Reichtum am Schmuck zu zeigen.

Es entstanden große Kessel aus Bronze, auch Vorratsgefäße für den Haushalt. Nach und nach lösten diese die alten, irdenen Töpfe ab. Rolod war der gefragteste Handwerker des gesamten Stammes.

Seine Meisterstücke aber waren Halsreifen. Wenn ein Jüngling zum Mann geschlagen wurde, erhielt er einen massiven Halsreifen aus Bronze. Das machte ihn zum Krieger. Diesen Halsreifen nahm er nie ab, er behielt ihn für sein ganzes Leben.

In dieser Zeit entsteht auch die bäuerliche Siedlung in der großen Ebene am Fuße des Berges. Jede Familie baut sich ihr Haus, ihre Schuppen, ihre Ställe in der Mitte des Landes, das sie bebauen wollen. Jedem von ihnen ist klar, eine so lockere Siedlung ist leicht angreifbar. Das erkennt auch Dogulug. Er stellt zum Schutz seiner Bauern eine Gruppe von Kriegern ab, die vor allem in der näheren Umgebung der Siedlung feindliche Umtriebe ausspähen sollen. So ist alles gut gefügt.

Es wird wieder einmal Zeit für ein Fest. Die bald eintretende Sonnenwende bietet dafür einen willkommenen Anlaß.

Dogulug wird das Fest ausrichten. Er schickt zwei Bauernkarren zu dem Handelsplatz um genügend Wein für das Fest heranzuschaffen. Den Schutz dieses Zuges übernimmt eine größere Gruppe von Reitern.

Für ausreichend Schweinefleisch will er selbst sorgen. So zieht er mit einer größeren Gruppe von Jägern hinaus in die bewaldeten Berge, wo es genug wilde Schweine gibt, die, ob sie wollen oder nicht, den Festteilnehmern als Schmaus dienen sollen. Beide Gruppen kommen fast zur gleichen Zeit in ihre Bergsiedlung zurück und so wird das Fest ausgerufen. Es soll genau am Tag der Sonnenwende sein.

Sie kommen alle in ihren besten Gewändern. Die Männer tragen stolz ihre Waffen, die Frauen ihre vornehmsten Kleider. Edle Frauen sind besonders reich gekleidet und zeigen all ihren Schmuck. Auch die Männer zeigen sich geschmückt. Wertvollstes und größtes Schmuckstück der Männer ist ihr Halsring.

Das Fest beginnt ohne alle Formalitäten. Die Männer lagern in Gruppen, sorgen zunächst für gut gefüllte Becher und beginnen beredt, mehr oder weniger wahrheitsgemäß, über ihre Heldentaten zu berichten.

Die Frauen sitzen abseits, tun mehr oder weniger das gleiche wie die Männer, nur mit anderer Stimmlage und nicht so protzig. Auf die Idee, die Männer zu bedienen, kommen sie nicht. Dafür sind die Sklaven da und die sind gut beschäftigt.

Auf einem solchen Fest dürfen auch die Barden nicht fehlen. Ihre Zahl hier im Stamm ist groß genug, um überall im Inneren des Ringwalls, wo das Fest stattfindet, präsent zu sein.

Sie nehmen ihre Leiern und spielen zuerst bei den Frauen auf. Dort können sie sich mit einschmeichelnden Liedern ersten Ruhm erwerben und ihre Stimme üben. Die Größe des inneren Ringwalles verhindert eine gegenseitige Beeinflussung der Darbietungen. Die Frauen des Stammes hören die Barden gern und spenden reichlich Beifall. Doch bald rufen die Männergruppen mit lauten Aufforderungen nach den Musikanten. Diese folgen den Aufforderungen der Männer prompt, denn dort gibt es Wein. Diesmal sogar Wein aus Etrurien. Dafür verlassen sie sogar die Gesellschaft der Frauen und spielen den Männern auf.

Auch die Themen der Barden sind andere geworden. Es geht nicht mehr um zartes Liebeswerben und Preisen von Schönheit, es geht um

Kampf, Heldentaten und Siege. Das verändert natürlich die Stimme, sie wird lauter und verachtet die Harmonie. Der Wein dazu erledigt das Übrige. Bald legen die Barden ihre Leiern zur Seite und folgen in allem dem Vorbild der Männer.

Auch die Druiden, Mittler zwischen Göttern und Menschen und Heilkundige, sind gekommen. Sie halten sich zurück, ihr Wissen ist nicht für die gewöhnlichen Menschen bestimmt, auch nicht für die Könige.

In den Runden der Männer wird es immer lauter. Der Wein beginnt zu wirken. Lauter Gesang wird hörbar, zu der fortgeschrittenen Stunde nicht immer melodisch. Vereinzelt kommt es zu Streit. Da hat wieder einer besonders farbig ausgeschmückt über eine seiner größten Heldentaten berichtet. Er fühlt sich als der wichtigste Mann in dieser Runde. Also hat er das Recht nach dem besten Stück Schweinefleisch zu greifen, das gerade angeboten wird. Das sieht ein anderer in der Runde aber ganz anders. Das beste Stück Fleisch ist für ihn bestimmt. Und schon geraten die beiden aneinander.

Sie werfen ihre Waffen weg und bearbeiten sich mit ihren Fäusten. Die Zuschauenden spenden grölend Beifall. Auf die Idee, zu schlichten, kommt keiner. Die beiden sind gleich stark. Sie kämpfen bis zur Erschöpfung. Nachgeben gibt es nicht. So gehen sie beide gleichzeitig zu Boden. Der Kampf bleibt unentschieden. Für diesmal haben beide überlebt. Die Sklaven sorgen für einen Trunk zur Erfrischung.

Am nächsten Tag ist es sehr still in der Ansiedlung. Und wieder einen Tag später nimmt das Leben seinen normalen Gang.

Dogulug, der König, lässt die Ansiedlung in der großen Ebene am Fuße des Berges weiter von seinen Reitern bewachen. Und dann passiert es tatsächlich. Einige von ihnen kommen zurück und melden dem König die Sichtung von fremd anmutenden Gruppen, bewaffneten Scharen, rund um die Ansiedlung verteilt. Der König zögert nicht lange und stellt ein bewaffnetes Heer auf, das besiedelte Land im Ernstfall zu verteidigen.

Späher sondieren die unbekannten, bewaffneten Gruppen und schon bald scheint es klar, dass ein Angriff bevorsteht.

Die Kommandeure des Königs stellen die eigenen Linien auf und warten ab. Erstmal geschieht nichts. Fast ist die Ruhe wieder hergestellt. Da formieren sich die Angreifer so, dass sie, wie es ausschaut, die Verteidiger umgehen könnten und so gefahrlos

Beute machen könnten. Die Verteidiger jedoch sind wachsam und nutzen ihre Kenntnis des Geländes für die Gegenwehr.

Den Angreifern bleibt nichts anderes übrig. Sie müssen sich zu einem frontalen Angriff aufstellen. Am nächsten Morgen wollen sie angreifen. Spione haben den Verteidigern diese Absicht zugetragen und so finden sich am nächsten Morgen zwei Fronten geschlossen gegenüberstehen, jede Front drei Treffen tief.

Die jeweiligen Kommandeure treten vor ihre Fronten und beschimpfen sich gegenseitig. Sie hetzen mit bösen Worten ihre Truppen gegenseitig auf und verlangen einen sofortigen Angriff gegen den offensichtlich feigen Feind. Im letzten Augenblick treten Druiden zwischen die Fronten und verlangen mit ihrer Autorität die Einstellung der Beschimpfungen. Das gelingt ihnen. Die feindlichen Truppen und ihre Kommandeure hören zu.

Die Druiden sprechen von der Tapferkeit der sich hier gegenüberstehenden Männer und von ihren berechtigten Interessen. Der Sieg solle den Tapfersten gehören. Aber wer wolle am Ende eines langen Kampfes feststellen, wer der Tapferste gewesen war. Um den wirklich Tapfersten zu finden, solle jedes Heer den Tapfersten aus ihren Reihen

102

bestimmen, die sollten dann gegeneinander kämpfen. So wäre es leicht, ein Urteil zu fällen.

Die beiden Heere stimmten zu.

Jedes Heer wählte aus ihren Reihen den Stärksten ihrer Männer. Die Druiden bestimmten noch, der Unterlegene solle dem Sieger dreitausend Bronzestücke zahlen und der Sieger solle dann seines Weges ziehen.

Die Männer machten sich zum Kampf bereit. Sie warfen ihre Waffen weg und auch ihre Kleidung, die sie doch nur behinderte. Nackt traten sie gegeneinander an, kämpfend nur mit ihren bloßen Fäusten.

Der Kampf währte lange. Am Ende siegte der Angreifer. Der Verteidiger überlebte den Kampf nicht.

Beide Gruppen hielten sich an die vereinbarten Regeln. Die Verteidiger zahlten die Summe von dreitausend Bronzestücken an die siegreichen Angreifer, die Angreifer zogen ohne weitere Feindseligkeiten ab.

Die Druiden zogen sich in ihre Behausungen zurück.

Dogulug erhob den gefallenen Krieger zum Retter des Stammes und ordnete eine Ehrenbestattung an. Ein großer Scheiterhaufen wurde errichtet. Viele warfen etwas, was ihnen besonders lieb war, auf den Scheiterhaufen, was dann zusammen mit dem geehrten Krieger zu Asche wurde. Dogulug hatte bei Rolod eine Bronzeurne in Auftrag gegeben, die dann die Asche aufnahm. Die Urne wurde sehr feierlich im Beisein der Druiden an einem heiligen Ort beigesetzt.

Der so Dahingegangene war kein reicher Mann gewesen. Er hatte bei einigen seiner Freunde Schulden hinterlassen. Keiner seiner Gläubiger machte sich darüber auch nur die geringsten Gedanken. Sie waren fest davon überzeugt, dass er im Jenseits alle seine Schulden begleichen würde.

Von den Druiden wurde dieser Sichtweise nicht widersprochen. Ihr Wissen von den Göttern stimmte dem sogar zu.

Dieses Wissen gaben sie nicht preis. Um anzuzeigen, wo ihr Lebensraum begann, der für Nichtdruiden nicht betreten werden durfte, hatten sie beim Steinmetz des Stammes eine Skulptur des Gottes Taranis, des Donnergottes, in Auftrag gegeben, derart, dass Taranis in dreifacher Gestalt erscheinen sollte, um so seine Kraft zu verdreifachen. Diese Figur sollte den Zugang zu ihrem Bereich verhindern.

Aber es nützte nichts.

Immer wieder erwischten sie Lauscher, die versuchten ihren Beratungen zuzuhören. Also suchten sie sich für ihre Aussprachen einen geheimen Ort im Wald. Ihr Wissen war für die Ohren der gewöhnlichen Menschen nicht bestimmt.

Die Darstellung des Gottes Taranis gefiel dem König Dogulug sehr und so ging er zu Rolod, um die Herstellung eines Kessels aus Bronze in Auftrag zu geben, in den der Gott Lug in Dreifachgestalt eingehämmert werden sollte.

Rolod stellte sich unwissend und fragte, weshalb Dogulug seinen Gott denn in Dreifachgestalt haben wollte.

„Was bist du doch einfältig," gab Dogulug zu verstehen. „Weist du nicht, ein Dreifachgott hat dreifache Macht."

Und weiter gab er dem einfältigen Rolod zu verstehen:

„Das ist genau der Grund, weshalb die Triskele das Symbol von uns Kelten ist; die dreifache Macht!"

In diesen Tagen erkrankt der Sohn des Königs. Er steht an der Schwelle zum Mannesalter. Rolod hat schon den Halsring für ihn geschmiedet. Und jetzt ist er krank. Der König ist verzweifelt. Sein ältester Sohn, sein Nachfolger. Und jetzt ist er krank.

Dogulug geht zu den Druiden und fleht sie an, seinen Sohn wieder gesund zu machen. Sie kommen und schauen sich den Sohn des Königs genau an. Während der Untersuchung verziehen sie keine Miene.

Schließlich sagen sie, sie müssen sich mit den Göttern beraten.

Der König beobachtet ihr Tun aufmerksam. Aber vergeblich. Sie sind im Wald verschwunden.

Nach drei Tagen kehren sie zurück und erklären Dogulug:

„Jemand in deinem Stamm hat Unrecht getan. Er hat die Götter erzürnt. Die Götter fordern Genugtuung. Das kann nur durch ein Opfer gesühnt werden. Sie fordern deinen Sohn. Aber es kann auch ein anderes Opfer sein."

„Dann nehmt ein anderes Opfer," sagt Dogulug zu den Druiden. „Ich werde es euch reich entlohnen."

Die Druiden wählen einen Sklaven. Sie schmücken ihn und führen ihn zu dem Ritualschacht. Dann stürzen sie ihn, den Kopf voran, in den Schacht.

Der König lässt sich nicht lumpen. Er entlohnt die Druiden reichlich. Die Götter können zufrieden sein.

Einige Jahre später melden die Späher wieder die Ankunft von Fremden. Sie kommen in kleinen Gruppen aus der Richtung des sprudelnden Flusses, der zwischen den Bergen hinausströmt in die weite Ebene. Die Späher beobachten diese Ankömmlinge, junge Männer, junge Frauen, aufmerksam. Schließlich nehmen sie einige gefangen und bringen sie zu Dogulug. Sie sprechen genau die gleiche Sprache, so werden sie nicht als Feinde wahrgenommen, sondern freundlich befragt.

Dogulug ist neugierig.

„Wo kommt ihr her?"

„Wir kommen vom Ursprung des Flusses, der hier unter deinem Berg hinausströmt in die weite Ebene."

„Gibt es dort viele von euch?"

„Ja, zu viele. Deshalb haben wir das Land verlassen, um für uns einen neuen Siedlungsplatz zu finden."

„Wohin wollt ihr gehen?"

„Wir haben schon oft von der großen Ebene gehört, die wir jetzt erreicht haben. Aber wir wollen nicht hierbleiben. Wir wollen weiter in Richtung Mittagssonne, entlang des Flusses, der nicht weit von hier aus Richtung der Mittagssonne kommt. Am Ende dieses Weges kommt man an ein großes Gebirge, jenseits dessen ein reiches Land sein muß. Dort wollen wir hin."

„Seid ihr viele?"

„Es sind noch nicht alle da. Deshalb bitten wir dich um Siedlungserlaubnis in der großen Ebene, bis wieder alle zusammen sind. Wir kommen in friedlicher Absicht und wollen mit euch friedlich zusammenleben. Wenn alle von uns hier sind, ziehen wir weiter."

Dogulug denkt eine Weile nach, dann gibt er den Neuankömmlingen die Erlaubnis in der Ebene zu siedeln. Versorgen allerdings müssen sie sich selbst.

Seinen Spähern gibt er den Auftrag die Fremden genau zu beobachten und verdächtige Umtriebe sofort zu melden.

Es gibt keine verdächtigen Umtriebe. So zumindest hat es den Anschein.

Die Neuankömmlinge sitzen mit den Alteingesessenen abends beim Feuer zusammen und erzählen von der Welt aus der sie gerade kommen. Ihr Fürst ist vor kurzem gestorben. Er wurde mit großem Pomp beigesetzt. Auf seiner Kline liegend, von großartigen Teppichen umgeben. Seine Waffen, sein Hausrat, sein gesamter Besitz wurde ihm beigegeben. Seine Wagen und seine Pferde. All das wurde mit starken Holzbohlen abgedeckt und darüber ein gewaltiger Grabhügel aufgeschüttet, damit er ungestört bleiben kann.

Falls sie selbst je sterben werden, was sicher kommen wird, werden sie einfach nur eingeäschert und erhielten meistens nicht mal eine Urne. Diese Ungerechtigkeit wollen sie nicht länger hinnehmen und deshalb zögen sie fort. Die Leute fangen an nachzudenken, an den abendlichen Feuern wird es still.

Alle Wandernden sind jetzt da und rüsten zum Aufbruch in die Zukunft. Sie sind nicht alleine. Unzählige junge Menschen aus der alten Siedlung schließen sich ihnen an.

Das Alte hat seine Kraft verloren; eine neue Zeit ist angebrochen.

Kapitel 5 Hellenismus

Wieder einmal muß Roonidas von seiner Frau Liodike Abschied nehmen.

Roonidas ist Seefahrer. Er besitzt ein stolzes Handelsschiff mit einer fähigen Besatzung. Er treibt Handel im östlichen Mittelmeer, wo er sich gut auskennt. Manchmal kommt er sogar nach Süditalika. Das hängt immer davon ab, welche Ware wo gebraucht wird. Roonidas hat dafür eine gute Nase. Nie bleibt eine Reise vergeblich.

Seine Handelsbeziehungen sind einfach abzuwickeln. Überall wird griechisch gesprochen. Diesmal ist sein Ziel Alexandria. Liodike ist das nur recht. Eine Reise nach Alexandria hat noch nie lange gedauert. Und die Gewinne sind gut, denn Ägypten ist ein reiches Land und sein König Ptolemaios ein gerechter Herrscher. Roonidas beginnt seine Reise am frühen Morgen, denn die aufgehende Sonne soll ihm den Weg zeigen. Einfacher wäre es direkt der Mittagssonne zu folgen und nach Süden zu fahren, aber das Meer ist tückisch und die Winde unberechenbar. So manches Schiff ist dort schon vom Weg abgekommen und wurde nie wieder gesehen.

Nein, dieses Risiko will er nicht eingehen; er bleibt lieber in Sichtweite der Küste.

So verlässt er also den Hafen, segelt vorbei an der jüngst zusammengebrochenen Statue* und dreht sofort in die aufgehende Sonne. So wird er die Südküste von Cypros erreichen, an der entlang er weiter an die Levanteküste kommt. Diese Küste entlang nach Süden führt ihn dann bis zu den Mündungsarmen des Nils. Sein Ziel ist erreicht, sobald er den Pharos*, den hohen Leuchtturm von Alexandria in der Ferne auftauchen sieht. Dort unterhalb des Leuchtturms befindet sich auch der Hafen der Stadt. Die Besatzung des Schiffes kennt sich aus. Ohne viele Umstände entlädt sie das Schiff und bezieht ihre Marktstände.

Roonidas begibt sich derweil in den Palast und ersucht um eine Audienz beim König. Ptolemaios war nicht immer König. Sein Vater mit gleichem Namen war General bei Alexander. Als Alexander starb übernahm Ptolemaios Ägypten als Satrap nach persischem Muster. Könige waren zu der Zeit in Griechenland unbekannt; außer in Makedonien und Sparta. Bis dann einer der Nachfolger Alexanders König in Makedonien werden wollte und den Königstitel annahm. Von da an übernahmen alle Nachfolger Alexanders, die bisher als Satrapen Teile des Alexanderreiches verwalteten, den Königstitel an; eine Sitte, die sich bis nach Griechenland hinein ausbreitete. Und so wurde auch der jetzige Ptolemaios König.

Dem Wesen nach blieb er der General, der es auch sein Vater war.

Roonidas muß nicht lange warten. Ptolemaios kommt ihm entgegen und bietet einen freundschaftlichen Empfang.

„Was gibt es Neues in Rhodos?"

„Der Wiederaufbau nach den Zerstörungen, die der Angriff des Demetrios, Sohn des Antigonos, hinterlassen hat, geht langsam voran. Bald wird man der Stadt die zwei Jahre Krieg nicht mehr ansehen. Dank deiner Hilfe waren wir stark genug uns erfolgreich zu wehren, und konnten so zu einem fairen Friedensvertrag kommen. Besonders deine Nahrungsmittellieferungen haben uns sehr geholfen."

„Meine Hilfe war auch nicht ganz uneigennützig. Hätte Rhodos den Krieg verloren, hätte es Verbündeter des Antigonos werden müssen und seine Waffen gegen Ägypten richten müssen. So aber behalten wir Frieden in diesem Teil der Welt. Anderswo gibt es Krieg genug. Wer hätte je gedacht, dass der Tod Alexanders zu so vielen Kriegen Anlass geben würde?"

„Auch Rhodos profitiert von dem Frieden. Es gibt noch eine Neuigkeit: die große Statue, die die Hafeneinfahrt schmückte, ist eingestürzt. Als Liodike davon erfuhr sagte sie: "die Götter sind auch nicht mehr das, was sie früher einmal waren!".

Ptolemaios lachte: „Stell die vor, Kyrene hat mir angetragen, mich mit göttlichen Ehren zu bedenken. Sie wollen mich nicht zum Gott erheben, sie wollen mich nur als solchen verehren. Du erinnerst dich noch an den spartanischen Admiral Lysander, der nach seinem Sieg über Athen in Samos die gleiche Ehrung empfing. Er hat dieser Ehrung auch zugestimmt, doch blieb er ein sterblicher Mensch."

„Und was wirst du tun? Wirst du dem Antrag von Kyrene zustimmen?"

„Was soll ich anderes tun? Ich will niemanden beleidigen. Man läuft nur Gefahr plötzlich nicht mehr unterscheiden zu können, ob man nur Mensch ist oder doch auch Gott."

„Du wirst dieser Versuchung nie erliegen!"

Als Roonidas zum Hafen zurückkehrte wartete seine Mannschaft schon auf ihn. Sie hatten gute Geschäfte gemacht und waren bereit für die Heimfahrt. Jetzt wo das Schiff mit den Schätzen Ägyptens beladen ist, scheut Roonidas jedes Risiko und wählt wieder die Route, die beständige Landsicht bietet, auch wenn ungünstige Winde die Fahrt verlängern.

Liodike wartet schon voller Ungeduld. In Rhodos hat sich nicht viel verändert. Der Wiederaufbau der Stadtbefestigung geht seinen Gang. Die Trümmer der eingestürzten Statue an der Hafeneinfahrt liegen noch unberührt.

Roonidas kann es kaum erwarten Liodike von der Absicht der Kyreniker zu erzählen, die Ptolemaios fürderhin mit göttlichen Ehren zu begegnen beabsichtigen.

Liodike reagiert wie erwartet: „Wenn ihm das nur nicht zu Kopf steigt! Wie schnell kann es passieren, dass so ein Mensch plötzlich glaubt, er sei tatsächlich ein Gott. Den Menschen bekommt so etwas nicht. Und letztlich sind sie dann doch sterblich."

„Ich glaube nicht, dass Ptolemaios dafür anfällig ist. Aber garantieren würde ich für ihn auch nicht."

Und wieder Liodike: „Die alten steinernen Götter waren zwar für nichts nutze, aber geschadet haben sie auch nicht. Die neuen Könige – die manchmal gottgleich werden – haben zwar viele Wohltaten für ihre Völker getan, aber von ihren ewigen Kriegen zur Erweiterung ihrer Machtfülle, können sie auch nicht ablassen. Was haben die Menschen davon? Selbst die Nachfolger Alexanders, der die Welt der Griechen doch vereinigen wollte, sogar die Welt der Perser mit der Welt der Griechen verschmelzen wollte, bekämpfen sich heute gnadenlos um die Macht der Vorherrschaft. Und was bringt das den Menschen? Da sind wir Griechen doch ein Volk von Philosophen, von Menschen, die die Wissenschaften voranbringen, die die Erkenntnisse über unsere Welt mehren, doch unsere Könige verstehen nichts davon; sie haben nichts anderes zu tun, als sich pausenlos zu bekriegen."

Roonidas ist ganz erstaunt über das, was er da hört. Aber nach einigem Nachdenken muß er seiner Frau zustimmen.

„Da habe ich doch in Ägypten von einem griechischen Philosophen gehört, sein Name lautet Epikur, der den Menschen die Zurückhaltung vom staatlichen Leben empfiehlt. Seine Lehre ist immer noch aktuell. Er hat erhofft, dass mit Alexander die Kleinstaaterei in Griechenland zu Ende sei und sich die Griechen ins private Leben zurückziehen könnten. Lebensfreude für die Menschen war sein Motto. Wie schade, dass sich seine Hoffnung nicht erfüllt hat.

„Von allen griechischen Philosophen schätze ich Parmenides von Elea am Höchsten. Er legte die Grundlagen griechischen Denkens mit der

Erkenntnis: es gibt keine Schöpfung, aus Nichts kann Nichts erschaffen werden und Werden ist nur Anderswerden. Mit diesen Grundlagen zieht sich die griechische Philosophie über hunderte von Jahren bis heute, bis zu Aristoteles. Und während alle griechischen Denker über die Erde gingen, haben alle griechischen Könige, Archonten, Strategen und wer auch immer, nur Kriege gegeneinander geführt. Ein unglaublicher Zustand, aber doch wahrhaftig so gewesen."

Auch für Liodike ist dieser Widerspruch nicht auflösbar, sie kann nicht anders als der Rede ihres Mannes zuzustimmen.

Ein Mann, der sich dem Seehandel verschrieben hat, kann nicht einfach zu Hause bleiben. So muß auch Roonidas wieder zur See. Er spricht auf seinen Reisen natürlich auch mit anderen Kapitänen und hört auf ihre Empfehlungen. Milet soll ein ausgezeichneter Handelsplatz sein. Also will er diesmal nach Milet, obwohl er noch nie da war. Während seine Mannschaft sein Schiff belädt, erkundigt er sich nach dem Weg nach Milet.

Es ist nicht weit, aber davor liegt ein unüberschaubares Gestrüpp von Inseln und Inselchen. Er wird wohl zwischendurch auf einer dieser Inselchen vor Anker gehen und sich nach dem richtigen Kurs erkundigen müssen. Hoffentlich sind dann die dortigen Bewohner nicht so räuberisch, dass sie ihm für ihre Auskunft zu viel Geld abnehmen wollen. Er hat schon manches erlebt. Aber sein Entschluß steht fest und er teilt Liodike seine Absicht mit.

Liodike ist erschrocken.

„Du warst doch noch nie in Milet. Du weißt nicht, wem die Insel gehört und wie du dort hinkommst. Warum ausgerechnet Milet?"

„So wie ich höre ist Milet ein guter Handelsplatz und ist viel viel näher als Ägypten. Außerdem liegt es in griechischen Gewässern und auf dem Weg dorthin gibt es viele Inseln, auf denen man sich immer wieder nach dem richtigen Kurs erkundigen kann. Und außerdem muß man auch mal etwas Neues wagen."

Im Grunde hat er ja recht. Aber die See ist hier so tückisch und die Winde sind unberechenbar. Es hat schon viele Seeleute an unbekannte Ufer getrieben. Schon Herodot berichtet, dass Alexandros von Sparta nach Troja wollte und wurde nach Ägypten abgetrieben. Liodike bleibt nichts anderes übrig, sie muß ihrem Mann eine gute Reise wünschen.

Roonidas ist ein guter Seemann. Er trägt alles Bemerkenswerte auf der Reise in sein Logbuch ein. Das wird ihm auf der Rückreise gute Dienste leisten, aber auch für eine neue Fahrt nach Milet, falls diese gewinnbringend war. Roonidas freut sich auf Milet. Auf die Stadt der großen alten Philosophen, auf die Stadt des Thales, auf die Stadt des Anaximander und auf die Stadt, in der die Wissenschaften ihren Anfang nahmen, und er freut sich auf gute Geschäfte.

Vom Hafen geht es geradewegs zum Markt. Der Weg ist nicht zu verfehlen, man muß nur mit der Menge mitschwimmen. Roonidas bekommt einen Marktstand angewiesen und kann sich jetzt erstmals umschauen. Ein großer Markt, der größte Markt, den Roonidas je gesehen hatte, sogar größer als der in Alexandria. Der Platz ist vollständig von Gebäuden umgeben. Man kann ihn nur durch ein Markttor* betreten. Das Markttor hat gewaltige Ausmaße. Nicht so hoch wie der Pharos in Alexandria aber etwa gleich hoch wie die eingestürzte Statue in der Hafeneinfahrt von Rhodos.

Das Markttor wird abends geschlossen. Einen anderen Zugang gibt es nicht, nicht mal einen geheimen. So muß man sich des nachts keine Sorge um seine Habe machen.

Abends nach Marktschluß sitzen die Kaufleute mit ihren Helfern bei ihren Schiffen. Ein Weinschlauch macht die Runde; das gehört so dazu.

Die Leute erzählen von ihrer Heimat, von ihren Familien, von ihren Heldentaten. Je leerer der Weinschlauch wird, desto prahlerischer werden die Erzählungen. Aber letztlich münden alle in die gleiche Klage – an dem Los, das ihnen von Makedonien auferlegt wurde, tragen sie alle schwer. Das alte, freie Griechenland ist dahin, die Poliskultur ist dahin. Damit allerdings auch die ewigen Bruderzwiste. Die Griechen fangen an, sich als Griechen zu verstehen.

Vergnügt tritt Roonidas den Heimweg an. Nach Milet wird er wiederkommen. Ganz überrascht ist auch Liodike über die baldige Heimkehr ihres Gatten.

„Hast du deinen Weg gefunden? Gab es keine ungünstigen Winde? Musstest du nicht irreführenden Strömungen folgen? Alles was ich je über die Untücken dieses Meeres gehört habe, trifft wohl nicht zu? Und Milet? Hast du Erfolg gehabt in Milet?"

Liodike ist etwas misstrauisch. Roonidas beruhigt sie.

„Der Weg nach Milet ist nicht weit und die Menschen, die ich unterwegs getroffen habe, waren alle sehr hilfsbereit. Mit Wetterunbill hatte ich nicht zu kämpfen und unerklärliche Strömungen traten nicht auf. Vielleicht ist das in anderen Jahreszeiten anders. Wir können uns beide freuen. Milet ist ein guter Markt."

Und er erzählt ihr von dem großen Marktplatz, von den redseligen Kollegen nach dem ersten Schluck am Abend und von den Themen der Gespräche.

„Höre nur, was ich erfahren habe: die Poleis von Thessalien und von Epirus haben sich zusammengeschlossen zu einem Bund, dem Aitolischen Bund."

„Das haben sie sicher nur getan, um ihre Räubereien gegenseitig zu decken."

„Nein, das glaube ich nicht. Bedenke nur, das ionische Meer ist nicht sehr breit. Ein Überfall Roms ist stets zu befürchten. Da muß man gewappnet sein!"

Liodike kann mit gleicher Nachricht dagegenhalten.

„Auch hier im Süden auf der Peloponnes hat es ein Bündnis gegeben: den Achaischen Bund. Ist das nicht ein Fortschritt für Griechenland, eine Welle der Einigkeit?"

„Na", meint Roonidas. „Da wollen wir einmal hoffen, dass sich die beiden Bündnisse nicht gegenseitig in die Wolle kriegen. Spannungen gibt es genug und die werden auch noch von Makedonien gefördert. Das ist einer der Hauptgründe, dass ich nicht an einen Erfolg dieser Bündnisse glaube: Makedonien ist nicht mit dabei, Athen und die Inseln sind nicht mit dabei, wir, Rhodos, ja auch nicht. Sparta ist nicht mit dabei, die glauben ja, sie könnten wieder eine Hegemonie über ganz Griechenland erreichen. Und dann schau einmal auf die andere Seite des adriatischen Meeres. Da hat Rom gerade die Herrschaft über ganz Italien erreicht! Was glaubst du, hätten wir dem entgegenzusetzen, falls Rom Interesse an uns findet? Alexander ist nicht mehr!"

Liodike schweigt etwas betreten.

In der Zeit, in der Roonidas zu Hause weilt, verkünden drei Bildhauer aus der Stadt, Hagesandros, Polidoros, Athanodoros, sie hätten nun nach über dreijähriger Arbeit die Laokoongruppe* fertiggestellt. Sie sei in ihrem Atelier aufgestellt und könne von jedermann besichtigt werden. Sie laden dazu jeden Rhodier ein, denn sie sind sehr stolz auf ihre Arbeit. Die Statue sei noch einige Zeit in ihrem

Atelier aufbewahrt, doch irgendwann müsse sie an den Auftraggeber ausgeliefert werden.

Roonidas und seine Frau entscheiden sich sofort hinzugehen. Diese drei Bildhauer sind Meister ihres Faches und ein Werk, an dem sie so lange gearbeitet haben, ist sicher bestaunenswert.

Roonidas und Liodike stehen vor einer Statue aus weißem Marmor gemeißelt, die den trojanischen Priester Laokoon mit zweien seiner Söhne darstellt, die von zwei Schlangen bedrängt werden. Die drei wehren sich heftig, jedoch die Aussage des Standbildes ist eindeutig. Die drei Menschen kämpfen vergeblich gegen die Schlangen. Sie werden diesen Kampf nicht überleben. Einer der Söhne scheint schon den Tod gefunden zu haben. Laokoon krümmt seinen Körper um sich aus dem Würgegriff der Schlangen zu befreien, was ihm nicht gelingen wird. Nur der zweite Sohn scheint noch die Möglichkeit zu haben, sich dem Zugriff der Schlangen zu entziehen.

Die Menschen stehen atemlos vor diesem Standbild und finden keine Worte. Liodike fasst sich zuerst, sie kommentiert etwas schnoddrig:

„Endlich einmal etwas anderes als die ewigen Götterstatuen oder immer nur Säulenkapitelle!"

„Das kannst du nicht sagen. Wir haben auch Statuen von herausragenden Menschen, Heerführern, Philosophen, Olympiasiegern."

„Stimmt, aber solche Bilder wie hier, mitten aus dem Leben gegriffen, haben wir sonst nicht! Das ist neu in unserer Welt."

Mittlerweile haben die Gehilfen des Roonidas sein Schiff wieder hergerichtet. Sie haben Schäden ausgebessert, die Takelage überprüft und Waren geladen. Die nächste Reise ist vorbereitet und kann ohne Verzug beginnen.

Roonidas entscheidet diesmal kleine Inseln anzufahren. Auch auf kleinen Inseln will man mit der Welt Schritt halten und Handelsbedarf gibt es dort allemal. Seine Reise führt ihn also nach Westen in Richtung untergehende Sonne. Diese Richtung ist leicht zu halten. In dieser Richtung kennt er schon Melos, Paros, Naxos, Amorgus. Diese Inseln will er auch aufsuchen, doch losfahren will er erstmal auf einer südlicheren Route. Außer Telus hat er dort noch nichts entdeckt, doch das Meer ist voller Inseln, so hofft er dort neues Land zu finden. Doch lange will er sich mit Telus nicht aufhalten, er will nach weiteren Inseln suchen. Und tatsächlich findet er Anaphe und Thera*; für ihn beides Neuland. Er findet die Inseln gut versorgt, ihre Bewohner klären ihn auf über ihre Handelsbeziehungen, die von Melos her aus der Peloponnes kommen. Er wäre kein Händler, wenn er nicht darüber nachdenken würde, auch mal den Peloponnes anzulaufen. Darüber muß er noch in Ruhe nachdenken, denn es ist nicht so sicher, ob ein Rhodier in Sparta willkommen wäre.

Die Fahrt insgesamt bringt gute Ergebnisse. Sie hat auch schon lange genug gedauert, und so entschließt er sich, hochzufrieden, zur Heimkehr.

Doch Liodike ist über die Dauer dieser Reise sehr verärgert. Zum Ausgleich verspricht ihr Roonidas erstaunliche Dinge über erstaunliche Inseln zu berichten.

Zunächst aber muß das Schiff versorgt werden. Die Ladung muß untergebracht werden, entweder zum Verkauf auf Rhodos oder zum Weiterverkauf auf anderen Märkten auf der nächsten Reise.

Endlich hat Roonidas Zeit für Liodike.

„Ich will dir von Thera erzählen", beginnt er. „Thera ist eine kleine Insel mit einem hohen Vulkan. Der Vulkan ist sehr unruhig. Unablässig gibt er Dampf und Rauch ab. Die Dämpfe ziehen hinaus aufs Meer und beunruhigen die Bevölkerung nicht. Für eine so kleine Inseln gibt es dort doch viele Bewohner. Es sind Dorer und sie werden von der Peloponnes versorgt. Es fehlt ihnen an nichts. Die Waren auf dem Markt – es gibt nur einen – sind von hoher Qualität. Das heißt, die Bewohner der Insel sind reich. Das habe ich auch bei meinen Handelsgeschäften bemerkt.

Das wirklich bemerkenswerte aber ist ein Weg, der aus der Siedlung geradewegs hinausführt in grünes Land. Entlang dieses Weges sind in unregelmäßigen Abständen Statuen von reichen Bürgern der Insel in Lebensgröße aufgestellt. Auf den Sockeln stehen nur die Namen der dargestellten Menschen, weiter nichts. Am Ende dieses Weges, fast als Abschluß zu verstehen, auf einem breiteren Sockel steht eine weibliche Statue mit dem Namen Epikteta.
Diese Epikteta muß sehr reich gewesen sein. Denn, auf dem Sockel kann man das lesen, sie hat für sich einen Kult eingerichtet. Dieser Kult muß von ihren Erben alle Jahre peinlich genau ausgeführt werden. Tun die Erben das nicht, so verfällt das Erbe. Der Kult beansprucht für sich drei Tage. Da gibt es Speise- und Trankopfer, Anbetungen, Gesänge und noch anderes. Der Stein gibt über alles Auskunft. Es muß nicht nur eine sehr reiche, sondern auch eine sehr mächtige Frau gewesen sein."

„Das ist doch unglaublich, jetzt machen sich die Menschen schon selbst zu Göttern!"

„Aber sie ist gestorben. Götter sind unsterblich. Der Kult jedenfalls wird, wie ich mich erkundigt habe, genau eingehalten."

„Unsere Welt hat sich doch sehr verändert."

„Ja", stimmt Roonidas ihr zu. „Wir erinnern uns noch an unsere Jugend, als Phillip, der Vater Alexanders, in Pela eine Statue des Gottes Dionysos aufstellen ließ. Genau daneben auch eine Statue von sich selbst. Wenn dann die Menschen kamen und Dionysos anbeteten, beteten sie auch Phillip an. Und die Wünsche der Menschen an den Gott wurden nicht von Dionysos erfüllt, sondern von Phillip. Damit hat diese Entwicklung angefangen."

Liodike denkt lange nach. Sie kommt zu dem Schluß:

" Wir leben zwischen zwei Welten. Da haben wir Ägypten mit Alexandria. Ptolemaios hat Alexandria zum Mittelpunkt der Welt und zum Mittelpunkt des wissenschaftlichen Lebens gemacht. Das konnte er nur, weil er dieser Welt Frieden schenkte. Griechenland dagegen, trotz seiner großen Vergangenheit, trotz seiner unübertroffenen Philosophen, seiner Bildhauer, seiner Entdecker, kennt immer noch nur den Krieg.

Die neue Zeit, die wir jetzt erfahren, ist ein Umbruch in der Geisteshaltung der Menschen, ohne dass dieser Umbruch zu einer Änderung im Handeln der Menschen geführt hätte."

Kapitel 6   Antike

Rolodius und seine Frau Lizia wohnen in Trastevere. Das ist nicht unbedingt das vornehmste Viertel der Stadt. Jedoch, Rolodius ist Hauptmann der Vigilien*, somit eine Amtsperson, der man Achtung zollt.

Lizia führt den Haushalt, das heißt, sie beaufsichtigt die Dienerschaft und sie geht täglich einmal auf den Markt. Da das alle Frauen im Viertel so tun, dauert diese Unternehmung regelmäßig ziemlich lange. Dafür kommt sie dann immer mit Neuigkeiten nach Hause. Mit dem Erfolg, dass sie meistens mehr darüber Bescheid weiß, was in Rom vor sich geht, als ihr Mann.

Auch diesmal berichtet sie wieder voll Begeisterung von einer aufsehenerregenden Neuigkeit:

Aulus Plautius nähert sich mit seinen Legionen Rom. Bald wird er da sein. Ihm eilt die Nachricht voraus, er habe Britannien* endgültig erobert und befriedet. Als Schutztruppe habe er dort einige Kohorten zurückgelassen, alle anderen Legionäre führe er jetzt nach Rom zurück. Rolodius vermutet mit einigem Recht, ihm stehe ein kleiner Triumphzug zu. Ein großer kann es nicht sein, der ist ein Privileg

131

des Kaisers. Rolodius sagt seiner Frau, sie müsse jetzt die Ohren offenhalten, denn bei dem Triumphzug müsse man dabei sein, der Kaiser gäbe bei solch einer Gelegenheit immer Spenden an das Volk. Davon wolle er auch etwas haben.

Noch während sich Rolodius mit seiner Frau Lizia über dieses Thema unterhält, kommen seine Feuerwehrleute, um ihm ihre Aufwartung zu machen. Sie berichten ihm haarklein über alle Vorkommnisse der Nacht. Alles, was sie beobachtet haben. Auch wenn es nicht mit Feuer zu tun hatte.

Rolodius hat seine Leute mit einem Wassereimer und einer Hacke ausgerüstet, um sie zu schneller Hilfe im Brandfall zu befähigen. Jedem Feuerwehrmann hat er einen Fackelträger zugeordnet. So findet der Feuerwehrmann leichter den vorgeschriebenen Weg und kann wirklich auch noch sonstige Beobachtungen machen.

So ist Rolodius immer gut informiert. Er merkt sich alles genau, um darüber seinem für ihn zuständigen Aedilen zu berichten. Diesem muß er jetzt seine Aufwartung machen. Er sputet sich, denn die Zeit ist schon fortgeschritten. Bei dem Aedilen treffen sich alle Hauptleute aus allen Stadtvierteln für die der

Aedile zuständig ist. Die Verantwortung des Aedilen erstreckt sich auf die Ordnungskräfte, sprich Polizei, die Aufsicht über die Märkte, den Verkehr in der Stadt und eben die Feuerwehr. Es gibt nur zwei Aedilen für ganz Rom. Jeder muß somit täglich eine Flut von Informationen verarbeiten.

Die Informationen sind für den Kaiser bestimmt, zu dem sie sich jetzt begeben, um ihm ihre Aufwartung zu machen. Der Kaiser lässt sie allerdings nur selten vor, meistens dann, wenn er selbst Befehle an sie hat. Die Durchführung seiner Befehle muß er nicht kontrollieren; Ungehorsam ist undenkbar.

Nachdem die Hauptleute von ihrem Aedilen, der jetzt zum Kaiser ging, verlassen wurden, setzten sie sich in die Schenke, immer die gleiche, denn der Aedile hätte ja mit Befehlen für sie zurückkehren können.

Der Wirt kannte sie schon alle sehr gut, stellte ihnen einen gut gefüllten Krug roten Weines hin, eine Karaffe mit Wasser, damit sie nach eigenem Gusto mischen konnten, und für jeden einen Becher. Dann verließ er sie, denn ihre Themen interessierten ihn nicht. Es ging ja, wie fast immer, nur um ihre Kinder.

Rolodius war neugierig wie es dem Ältesten von seinem Kollegen vom Ordnungsdienst ginge. Der erklärt bereitwillig und weit ausholend wie immer:

„Ach, weißt du, mein Sohn kommt wie immer gut voran. Lesen, Schreiben und Rechnen hat er schnell gelernt – davon konnte ich auch noch profitieren. Sein nächster Lehrer nahm sich dann schon schwierigere Sachen vor. Er mußte die griechische Sprache erlernen. Dazu kamen auch noch Geschichte, Geographie, Physik, Mathematik und Astronomie. Da bin ich nicht mehr mitgekommen. Und natürlich auch nicht bei griechischer Literatur, Homer natürlich! Wie hätte ich da mitkommen können? Jedoch, als er die Zwölftafelgesetze auswendig lernen mußte, habe ich wieder mitgelernt. Es ist nicht falsch, wenn man die Gesetze kennt. In Sport habe ich ihn selbst unterrichtet. Alles, was die Griechen machen, Diskus werfen, Springen, Laufen, Ringen und dann natürlich viel wichtiger: Schwimmen und Reiten. Ein Römer muß das können. Jetzt ist er schon fast am Ende seiner Ausbildung. Da er noch nicht weiß, was er einmal werden will, lasse ich ihn noch einen Rhetorikkurs machen. Wenn er vielleicht mal ein öffentliches Amt bekleiden sollte, muß er sich ausdrücken können."

Rolodius ist beeindruckt:

„Dann wird er ja bald ein erwachsener Bürger Roms sein."

„Ja, in knapp einem halben Jahr wird er siebzehnjährig sein, dann werde ich mit ihm auf das Forum gehen und ihn in die Liste der wehrfähigen Bürger eintragen lassen. Dann ist er erwachsen!", erklärt der Vater stolz.

Ein anderer wirft ein:

„Wie gut, dass es Rom nie an wehrfähigen Bürgern mangelt!"

„Und du?", wird er zurückgefragt. „Wie hast du es geschafft in ein öffentliches Amt zu kommen, obwohl du noch keine drei Kinder hast?"

„Was geht dich das an?", kommt es barsch zurück. Aber dann lenkt der Gefragte ein:

„Als ich mich um das Amt bemüht habe, war meine Frau schon in anderen Umständen, es dauert nicht mehr lange, und dann werde ich drei Kinder haben."

Der Wein tut seine Wirkung und die Männer witzeln eine Weile miteinander herum. Dann kommt die Frage:

„Habt ihr schon gehört? Aulus Plautius kommt zurück nach Rom, bald wird er hier sein. Er hat Britannien besiegt; ein kleiner Triumphzug erwartet ihn."

„Ja, das haben wir schon gehört", erwidert Rolodius.

„Das ist mittlerweile schon allgemein bekannt", erwidert ein anderer. „Aber ich verstehe nicht, warum Britannien erobert werden mußte."

„Weil schon Caesar damit angefangen hat. Irgendwann muß es doch vollendet werden."

Und ein anderer: „Das war sicher ein teurer Feldzug. War der unbedingt notwendig? Hätte uns denn Britannien gefährlich werden können?"

„Nein, hätte es nicht, einen wirklichen Sinn hat dieser Feldzug wohl nicht gehabt."

„Was sagst du da? Der Sieg war notwendig zum Ruhme Roms! Ist das nicht genug? Lass dich so nie wieder hören. Der Kaiser könnte beleidigt sein und das würde dir nicht gut bekommen."

Die Runde schweigt bedrückt und löst sich auf.

Für Rolodius ist es ohnehin Zeit seine nächtliche Feuerwache einzuteilen. Er lässt seine Mannen antreten und prüft zunächst ihre Ausrüstung, ob sie auch vorschriftsmäßig ist. Er muß das jeden Tag wieder tun. Dann ermahnt er sie zum wiederholten Male:

„Wenn auch die Schenken die ganze Nacht offen haben, so heißt das nicht, dass ihr die ganze Nacht in einer Schenke verbringen sollt. Lauft pünktlich eure Runde und bedenkt, dass auch die Ordnungskräfte unterwegs sind. In einer so gefährlichen Stadt wie Rom ist das bei Nacht unbedingt notwendig."

„Wir machen das schon richtig!" beruhigt ihn einer seiner Leute, „Glücklicherweise müssen wir in diesen dunklen Nächten keinen unbeleuchteten Transportkarren ausweichen. Das ist drüben auf der anderen Seite des Tibers ganz anders. Tagsüber dürfen auf dem Forum nur Fußgänger oder Sänften verkehren und in den Straßen auch nur Reiter. Nichts anderes. Transporte auf Karren dürfen nur nachts durchgeführt werden. Selbst Lastwagen, die aus dem Umland kommen, müssen am Tag vor den Toren warten und dürfen erst nachts in die Stadt. Das ist wirklich gefährlich. Und das Geschrei der Kutscher ist ohrenbetäubend. Was haben wir es hier gut!"

„Ja, das wissen wir alles ", sagt Rolodius, und weiter, „Erzähle keine Arien und mach dich auf den Weg!"

Dann begibt er sich nach Hause, verschließt und verriegelt sein Haus sorgfältig und setzt sich mit seiner Frau Lizia und seinen Kindern zum Nachtmahl. Alle erzählen durcheinander, was sie tagsüber erlebt haben, bis sie müde sind und zu Bett gehen.

Einige Tage später kommt die große Nachricht, einer der Hauptleute in der Runde erzählt voll Begeisterung:

„Aulus Plautius steht vor den Toren Roms. Seine Soldaten haben schon ihre Waffen abgegeben, in der Stadt darf halt nur die Garde Waffen tragen, der Kaiser hat den Truppen schon erlaubt, die Stadt zu betreten. Und er hat Plautius einen kleinen Triumphzug zugesagt. Hoffentlich wird das bald sein."

„Ha! Man darf keine Waffen tragen? Allerdings lässt sich eine kleine Sicca* leicht unter der Tunika verstecken."

„Sei du nur vorsichtig und lasse dich nicht mit einer Sicca erwischen. Das würdest du nicht überleben. Wurde doch Caesar durch Siccas umgebracht. Die Ordnungshüter haben scharfe Augen. Selbst ein Ritter oder gar ein Senator hätte Schwierigkeiten sich da herauszureden, wenn er mit einer Sicca erwischt werden würde."

Endlich ist der große Tag des Triumphzuges da. Ganz Rom ist auf den Beinen.

Der Zug nimmt immer den gleichen Weg. Er beginnt auf dem Marsfeld, zieht über den Circus Maximus rund um den Palatinischen Hügel zum Eingang des Forums, über das Forum bis zum

Jupitertempel auf dem Capitol. Die Menschen wissen das und stehen entlang dieses Weges in dichten Trauben. Auch Rolodius und seine Familie. Sie jubeln dem Zug zu und grüßen den Triumphator mit ohrenbetäubendem Beifall.

Der Zug beginnt mit den Freunden und Vertrauten des Triumphators, danach ein Musikcorps, Darstellung der Beute und der Gefangenen, dann die Liktoren des Feldherren und schließlich der Feldherr selbst auf einer Quadriga. Dahinter die siegreichen Soldaten in Kohorten gegliedert. Die Begeisterung des Volkes kennt keine Grenzen.

Auf dem Capitol wird der Triumphator vom Kaiser begrüßt und gewürdigt. Dann werden die Gefangenen hingerichtet und das Spektakel ist damit zu Ende.

Rom hat jetzt wieder Frieden. Die Tore des Janustempels werden wieder geschlossen.

Dieser kleine Triumphzug ist noch lange Gesprächsthema in ganz Rom. Auch in der Runde unserer Hauptleute, wenn sie zusammensitzen und darauf warten, dass ihre Aedilen zurückkehren und ihnen einen Befehl des Kaisers überbringen. Fast könnte man meinen, die Menschen hier langweilten sich ohne kriegerische Ereignisse irgendwo am Rande des Reiches. Aber ihren jetzigen Kaiser schätzen sie so ein, dass er das Reich wieder festigen will nach den Untaten* seines Vorgängers und deshalb auf kriegerische Abendteuer verzichtet.

Wie erstaunt also ist die Runde der Hauptleute, als eines Tages die Aedilen des Kaisers zurückkommen mit einem Befehl des Kaisers.

Der Kaiser hat alle Juden* aus Rom ausgewiesen und der Befehl an alle lautet die vollständige Umsetzung der Anweisung sicherzustellen. In der Pflicht ist zuerst einmal die Garde. Die aber kennt nicht alle Verstecke der Juden. Da sind die Leute, die ihre täglichen Dienste in Rom ausüben, sehr viel besser informiert. Also will sich der Kaiser ihrer Mitarbeit versichern.

Alle fragen sich wie dieser Befehl begründet ist. Die Juden sorgen zwar immer wieder für Unruhen in der Stadt, sie schmähen die Macht der kaiserlichen Behörden, sie unterwerfen sich nicht dem Pontifex Maximus und begehen ihre religiösen Feste außerhalb seiner Aufsicht. Aber muß man sie deshalb gleich ausweisen?

Die Meinungen sind geteilt. Einige sind mit der Ausweisung ganz zufrieden. Sie schulden einem Juden Geld und sehen so die Möglichkeit, sich um die Rückzahlung zu drücken. Andere haben jüdische Freunde und verstehen diesen Befehl ganz und gar nicht. Wie auch immer, der Befehl eines Kaisers steht nicht zur Diskussion und muß ausgeführt werden.

Einer aus der Runde der Hauptleute meint, er habe gehört, dass sich im Osten des Reiches eine neue Religion entwickle. Ob diese neue Religion vielleicht mit den Juden zusammenhänge? Vielleicht für neue Unruhen sorgen könnte? Keiner weiß etwas davon. Der Kaiser wird schon seine Gründe haben.

Die Aedilen geben ihren Hauptleuten Anweisung, wie zu verfahren ist. Sie sollen allen Juden, die sie kennen, den Befehl des Kaisers übermitteln und sie auffordern, diesem Befehl unverzüglich Folge zu leisten. Die Ausgewiesenen dürfen all ihre Habe mitnehmen. Falls einer von Ihnen verstockt ist, darf keine Gewalt angewendet werden. Auch nicht durch die Ordnungskräfte. In einem solchen Fall ist die Garde zu informieren, die weiß dann schon, wie zu verfahren ist.

Da die Juden nicht in einem geschlossenen Ortsteil leben, dauert es ziemlich lange, bis alle aufgefunden sind. Es vergehen Wochen.

Überall in der Stadt gibt es zwar Anschläge, die den Befehl des Kaisers übermitteln, aber keiner der Betroffenen hält sich freiwillig daran. Viele verstecken sich und riskieren damit harte Bestrafungen.

Jedoch auch die Römer sind hartnäckig. Bei Nachlässigkeit würden auch sie bestraft.

Schließlich ist es geschafft und die Hauptleute melden den Aedilen, dass kein Jude mehr ausfindig gemacht werden könne. Diese melden das dem Kaiser. Der ist sehr zufrieden und spricht seinen Beamten großes Lob aus. Das ist für die Aedilen der Anlass, ihre Hauptleute zum Gastmahl einzuladen.

Auch Rolodius und seine Frau Lizia erreicht eine Einladung. Sie sind hoch erfreut, waren sie doch schon öfter einer solchen Einladung gefolgt und wissen natürlich, dass ein Gastmahl bei ihrem Aedilen ein ganz besonderes Erlebnis ist.

Also versammeln sich alle am vorbestimmten Tag bei ihrem Vorgesetzten. Die Uhrzeit, vier Uhr* am Nachmittag, ist Standard und muß nicht extra erwähnt werden. Dem Anlass entsprechend sind alle gut gekleidet. Die Frauen haben ihre vornehmste Tunika angelegt.

Das Gastmahl findet im Triclinium statt. Für die Männer sind Klinen bereitgestellt, auf denen sie nach griechischer Sitte ihre Mahlzeit im Liegen einnehmen. Für die Frauen sind Stühle vorgesehen. Alles gruppiert sich um einen großen runden Tisch auf dem die Sklaven die Mahlzeit anrichten. Da die

Aedilen zu den betuchteren Römern zählen, können die Eingeladenen mit drei Gängen rechnen.

Nach dem obligatorischen Tischgebet, tragen die Sklaven kalte Gerichte auf. Auberginen, Oliven zum Beispiel. Eier dürfen auch nicht fehlen. Da die Sklaven die Gerichte am Tisch zerkleinern, können die Gäste auf den Gebrauch der bereitliegenden Messer verzichten, auch die Löffel bleiben meistens unbenutzt. Dafür gibt es zwischen den Gängen Schalen mit duftendem Wasser, damit sich die Gäste die Hände reinigen können.

Als zweiten Gang genießen die Gäste Fleisch und Fisch, dazu roten Wein, der von den Sklaven, mit klarem Wasser vorgemischt, gereicht wird. Zum Abschluß des Essens sind Früchte und Gebäck vorgesehen.

Eine besondere Überraschung ist heute ein Sänger, der zum Hauptgang unter Begleitung seiner Leier Gesänge zu aktuellen Tagesereignissen vorträgt.

Der Wein und der Sänger lösen die Zunge. Es kommt zu angeregten Gesprächen, an denen auch die Frauen großen Anteil nehmen. Sie gehen auf die Märkte und verkörpern so Volkes Stimme.

Thema ist immer noch die Ausweisung der Juden. Die Meinungen dazu sind immer noch geteilt. Die

Kritiker allerdings argumentieren sehr zurückhaltend.

Da wird ein neues Thema angesprochen:
„Überall in Rom hört man das Gerücht, dass sich im Osten des Reiches eine neue Religion entwickelt."
„Ja, sie kommt aus Palästina."
„Das ist ja das Land aus dem die Juden kommen! Es werden doch keine Neujuden sein mit neuen Ideen!"
„Nein, das ist nicht zu vermuten. Gründer soll ein gewisser Jesus aus Nazareth sein."
„Aber der wurde doch von unserem Präfekten Pontius Pilatus gekreuzigt. Also muß er doch Verbrechen gegen Rom begangen haben."
„Nein, das muß man nicht unbedingt annehmen. Pontius Pilatus wurde von den Juden dazu gezwungen."
„Was? Ein römischer Präfekt lässt sich von ein paar Juden zwingen ein Todesurteil auszusprechen? Das ist doch eines Römers unwürdig!"
Die Diskussion fängt an, Wogen zu schlagen. Ein Gast will schlichten:
„Lasst uns von etwas Erfreulicherem reden. Ich habe bemerkt, dass am Tiber wieder Lastbarken ankern und Waren aus fernen Ländern anbieten. Das hat es schon lange nicht mehr gegeben."

„Die Sanierung des Hafens in Ostia ist endlich abgeschlossen. Ihr wisst ja alle, dass unser voriger Kaiser den Hafen hat versanden lassen. Die Annahme von Waren aus fernen Ländern wurde immer schwieriger und die Tiberbarken blieben weg. Jetzt ist der Hafen in Ostia wieder frei. Dort angelandete Waren können wieder auf Barken zu uns gebracht werden. Besonders wichtig ist das für das Getreide aus Afrika."

„Das ist wirklich eine Großtat unseres jetzigen Kaisers."

„Dann lasst uns auf unseren jetzigen Kaiser anstoßen! Kaiser Claudius lebe hoch!"

Rolodius und einer seiner Kollegen, der Hauptmann der Ordnungsdienste, gehen gemeinsam nach Hause. Ihre Frauen folgen ihnen und schwärmen immer noch in höchsten Tönen von dem gerade erlebten Gastmahl.

Rolodius muß sich die Klagen seines Kollegen anhören:

„Du hast es gut," sagt er. „Deine Feuerwehrleute wissen immer genau, was zu tun ist. Entdecken sie einen Brand, beginnen sie sofort zu löschen. Notfalls holen sie Hilfe. Und wenn der Brand gelöscht ist, gehen sie zufrieden nach Hause. Meine haben es da viel schwerer. Sie wissen nicht immer genau, was zu tun ist. Oft haben sie Zweifel."

„Wieso denn das?", fragt Rolodius. "Wir haben doch unsere Gesetzte, die jedem bekannt sein müßten."

„Was du sagst ist richtig. Doch das ist nur die Theorie. Wir haben zwar das Zwölftafelgesetz*, das, wenn ich richtig weiß, nach griechischem Muster, du kennst den Namen Solon, aufgestellt wurde. Es ist seither gültig. Jeder Schüler muß es auswendig lernen und es ist fast an jeder Straßenecke ausgestellt. Jeder kann es jederzeit nachlesen. Doch was nützt das, wenn einer nicht lesen kann oder unsere Sprache nicht versteht? Und solche Leute gibt es viele in Rom. Sie kommen aus aller Herren Länder um hier ein gutes Auskommen zu finden. Oder sie werden als Sklaven eingeschleppt, die sich dann in Rom frei bewegen können. Nicht alle sind gewillt, unsere Sprache zu lernen. Ja selbst in den Legionen gibt es schon Fremde. Die Hilfstruppen bestehen fast nur noch aus Germanen, ja selbst Kelten findet man dort, die einst unsere Todfeinde waren. Du erinnerst dich an unseren vorigen Kaiser, dessen Leibwache nur aus Germanen bestand. Sie haben schwer drein gehauen, um seinen Tod zu rächen. Selbst unser jetziger Kaiser wäre ihnen fast zum Opfer gefallen.

Was soll da ein einfacher Ordnungsmann tun, wenn er solche Leute bei einer Missetat erwischt?"

Rolodius ist nachdenklich geworden.

„Eigentlich müßte da die Garde eingreifen", wirft er ein.

„Die Garde ist dazu zu vornehm. Sie zeigt sich lieber im Glanz ihrer Manöver. Die Kritik an der Sicherheit auf den Straßen Roms müssen meine Leute einstecken."

Wenn nur Rom wirklich so schön wäre, wie es sich auf dem Forum zeigt, denken sich beide und wünschen sich und ihren Frauen eine gute Nacht.

Zwölftafelgesetz hin, Zwölftafelgesetz her. An den Saturnalien* ist alles ganz anders. Im Zeichen des Saturn sammeln sich die Menschen auf den Straßen und Plätzen Roms, verkleidet, maskiert oder auch nicht, in ausgelassener Stimmung. An diesem Tag ist alles erlaubt. Man kann sagen, was man denkt, und tun was man will.

Die Ordnungskräfte der Aedilen sind zwar präsent, greifen aber nicht ein, egal was passiert.

Rolodius und seine Frau Lizia bleiben an diesem Tag zu Hause; so wie auch einige andere Römer mit tiefergehender Einsicht. Sie vermuten trotz aller offen bekundeter Freizügigkeit die Präsenz von Spitzeln, die Ungebührlichkeiten gegenüber der

Obrigkeit, vor allem gegenüber dem Kaiser, höheren Orts melden und sich dadurch Vorteile sichern wollen.

Auch Frauen nehmen mit Begeisterung an den Saturnalien teil. Sie fühlen sich in Rom, und sind es auch, den Männern gegenüber gleichberechtigt. Trotzdem achtet man im täglichen Leben bei ihnen mehr auf Sitte und Anstand denn bei Männern. An den Saturnalien aber toben sie sich aus. Lizia weiß, warum sie zu Hause bleibt.

Der Katzenjammer kommt dann am nächsten Tag. Nach den Saturnalien häufen sich die Scheidungsprozesse. Trotz aller Gleichberechtigung zieht die Frau jetzt doch den Kürzeren. Eine geschiedene Frau findet nur selten eine zweite Ehe. Die Saturnalien sind wohl doch nur etwas für die einfacheren Gemüter.

Einige Wochen später erhält Rolodius, es kommt für ihn nicht überraschend, beläuft sich sein Privatvermögen doch mittlerweile auf eine Summe, die ihm einen Aufstieg in der Ämterlaufbahn möglich macht, ein Schreiben von der Kanzlei des Kaisers versehen mit der Unterschrift des Kaisers. Gegenstand ist seine Berufung in ein neues Amt. Es ist nicht einfach nur ein neues Amt. Es ist höher dotiert und verleiht weitreichendere Befugnisse.

Rolodius kann stolz sein, denn das ist der Beweis, dass seine Arbeit zufriedenstellend war und anerkannt wurde. Es ist auch gleichzeitig ein neuer Hauptmann der Vigilen berufen, der nicht nur das Amt von Rolodius übernimmt, sondern auch dessen Wohnstatt. Rolodius muß Trastevere verlassen, was ihm nicht besonders schwerfällt. Ist doch die Ernennung in ein neues Amt gleichzeitig mit der Übernahme eines fast fertigen Hauses in einem guten Wohnviertel verbunden. Eine Einflußnahme auf Details des Neubaus ist noch möglich.

Rolodius und Lizia sind überglücklich. Besonders Lizia. Kann sie doch jetzt zum ersten Mal ein Haus nach ihren Wünschen ausstatten.

Rolodius beauftragt sofort einen Baumeister mit der Einarbeitung ihrer Wünsche. Das Atrium soll besonders großartig gestaltet werden. Ebenso der Flur vom Hauseingang zum Atrium und selbstverständlich das Triclinium. Denn hier möchte er jetzt auch zu Gastmählern einladen und hier will er auch besonders glänzen. Alles andere am Haus kann so bleiben, wie es sonst auch üblich ist. Und, wovon er träumt; im Atrium möchte er einen schöngeschnitzten Holzschrank aufgestellt haben, in dem die dereinst von ihm abgenommene wächserne Totenmaske aufbewahrt wird, mit der er seine Dynastie gründen will.

Sein Vorbild ist in allem sein früherer Aedil, der vor ein paar Tagen gestorben ist.

Seine Pompa Funebris* war ein erhebendes Erlebnis. So etwas steht einflußreichen Toten – Inhabern von Ämtern – zu. Von jedem verstorbenen Ahnen eines solchen Bürgers wurde eine Wachsmaske angefertigt. Diese Masken wurden dann im Atrium in einem feingeschnitzten Holzschrank aufbewahrt. Stirbt wieder einer aus der Familie, der Verdienstvolles geleistet hat, wie der jetzt betroffene Aedil, so wird er mit der Pompa Funebris geehrt. Alle Masken der früher Verstorbenen werden aus dem Schrank geholt und dem frisch Verstorbenen vorangetragen. Dahinter folgen dann die Angehörigen. Ein Bild, in dem die schon längst Verstorbenen den vorerst Letzten zu sich holen. Ein Lobredner preist die Taten eines Jeden, der in diesem Leichenzug vorangegangen ist. Die Taten werden immer verdienstvoller. Ihre Taten machen sie unsterblich.

Die gewaltigsten Taten aber hat der frisch Verstorbene vollbracht. Von seinem Nachfolger erwartet man, dass er an Größe noch seinen Vorgänger übersteigt. So kann Rom niemals untergehen.

Kapitel 7 Spätantike

Rodus und seine Frau Lisita wohnen in einem großen Haus am Fluß. Rodus ist Gerber und braucht für sein Handwerk die Nähe des Flusses. Das große Haus beeindruckt den Passanten. Der Besucher des Hauses kann von Größe nichts mehr verspüren.

Da sind die Arbeitsräume, die Rodus für die Ausübung seines Gewerbes benötigt. Da sind seine Gehilfen und Sklaven, die ihn bei der Ausübung seines Gewerbes unterstützen und auch eine Schlafstatt benötigen. Für die Privaträume von Rodus und Lisita bleibt da nur wenig Platz.

Der einzige große Raum im Haus beherbergt einen langen Tisch mit vielen Stühlen ringsum, an dem die Familie und die Bediensteten zu den Mahlzeiten Platz nehmen. Daneben die Küche mit einem großen Abzug über der Feuerstelle. Die Vorräte allerdings sind eingeschlossen. Nur die Hausfrau hat Zugang.

Rodus hat mit seinem Gewerbe viel Erfolg. Die brettharten Felle, die ihm die Jäger bringen, wandelt er um in kuschelige Pelze und in geschmeidiges Leder. Genau das richtige Material für Kleidung mit der man sich in den kalten Wintern, die hier zu Lande üblich sind, schützen kann.

Rodus ist eine geachtete Persönlichkeit in seiner Stadt. Aber er ist nicht beliebt. Das liegt an der Aufgabe, die ihm der Stadtpräfekt übertragen hat; er ist verantwortlich für das Militärbudget. In genau dieser Eigenschaft ist er jetzt auf dem Weg zum Stadtpräfekten. Die Menschen, denen er begegnet grüßen ihn mit Ehrfurcht, aber ohne Sympathie.

„Was habe ich mir da nur eingebrockt?", grübelt er vor sich hin. „Wie schön waren doch die Zeiten, als der große Constantin hier Caesar* war. Der Augustus in Mailand achtete zwar auf strenge Zucht, aber Constantin machte was er wollte. Und wir folgten ihm. Alles, was er tat, war richtig für uns.

Das beste aber war, dass die Legionen dem Kaiser unterstanden. Und er mußte sie bezahlen. Woher das Geld kam war uninteressant. Wie konnte sich die Welt nur so wandeln?"

Der Stadtpräfekt von Treveris* konnte Rodus sofort aufklären:

„Das liegt nur an der mangelnden Wehrbereitschaft der römischen Bevölkerung. Früher standen die römischen Legionen tief gestaffelt zu beiden Seiten des Rheins. Seit dem Limesfall gibt es nur noch eine dünne Kette von Legionären auf unserer Rheinseite. Jeder, der diese

Kette durchbricht, kann sich auf römischem Territorium frei bewegen. Manche räuberischen Gruppen haben es bis Spanien geschafft. Nur wenige konnten wir Römer bei ihrer Rückkehr auffangen."

Rodus stutzt:

„Dann sind doch unsere germanischen Schutztruppen auch sinnlos! Wie können wir uns auf sie verlassen, wenn andere Germanen bei uns eindringen?"

„Das können wir schon! Denn nicht alle Germanenstämme sind sich untereinander wohlgesonnen. Wenn wir unsere gut bezahlen, werden sie uns schon schützen."

Rodus wird nachdenklich; es geht also nur um die Bezahlung!

Natürlich, Patriotismus kann man von Söldnern nicht erwarten. Aber wohl doch von Bürgern!

Rodus sagt das dem Stadtpräfekten und er erklärt, er wolle die Bürger aufrütteln. Der Stadtpräfekt zuckt mit den Schultern. Einen Versuch wäre es wert.

Rodus beruft im Namen des Stadtpräfekten die wehrfähigen Männer der Stadt zu einer

Versammlung auf den Markplatz. Sie sind neugierig, sie kommen alle. Rodus staunt, wie viele es sind.

Rodus will zu ihnen sprechen und hebt an:

„Bürger von Treveris, Bürger des römischen Reiches. Treveris ist unsere Stadt. Treveris war und ist Kaiserstadt. Die meisten von uns erinnern sich noch an den großen Constantin, der einst hier residiert hat. Kaiserstadt sind wir geblieben, auch wenn gerade kein Kaiser in unseren Mauern weilt. Genauso ergeht es auch Mailand.

Unser Kaiser Theodosius residiert in Constantinopel, weit im Osten des römischen Reiches. Soweit spannt sich das römische Reich. Rom ist die Mutter der Welt. Ohne Rom wären wir alle nichts.

Rom hat sich befreit von dem Herrschaftsanspruch etruskischer Könige. Rom hat den Herrschaftsanspruch der Etrusker über Italien in seine Schranken verwiesen. Rom hat den übermütigen Angriff der Gallier überstanden. Auch der große Heerführer Hannibal mußte Rom weichen. Und endlich auch der Zug der Kimbern und Teutonen konnte im letzten Augenblick der Macht Roms nicht verderblich werden.

Wem ist das alles zu verdanken?

Den Bürgern Roms. Nach all diesen Krisen haben die Bürger Roms einen Staat aufgebaut, vor dem die ganze Welt zitterte, einen Staat, der schließlich die Welt beherrschte. Diesem Staat sind wir heute verpflichtet, wir, seine Erben. Seinen unbesiegbaren Legionen. Seinen nie verzagenden Legionären. Sie werfen ihre Schatten auf uns, sie fordern uns auf, es ihnen gleich zu tun.

Können wir diesem Anspruch genügen? Wir können es nicht!

Wir bezahlen Söldner, die nur so lange treu sind, solange wir sie mit ausreichend Geld versorgen. Werden sie unzufrieden, ziehen sie einfach ab und überlassen uns uns selbst. Dann sind wir schutzlos! Was machen wir dann?

Wir müssen uns unserer Vergangenheit erinnern und eigene Legionen aufstellen. So zahlreich, wie wir sind, sollte das nicht unmöglich sein."

Langes Schweigen.

„Und was mache ich mit meinem Geschäft. Ich habe ein gut gehendes Geschäft. Es geht pleite, wenn ich dir folge".

„Ich kann Frau und Kinder nicht alleine lassen. Was sollen sie ohne mich tun?"

„Wer wird die Straßen reinigen?"

Und so geht das fort.

Es kommt zum Tumult. Rodus kann nichts dagegen unternehmen.

Langsam wird es wieder ruhig. Rodus sagt:

„Dann müßt ihr eben weiter Wehrsteuer zahlen. Es soll sich bloß keiner beschweren, wenn ich wiederkomme, um sie einzuziehen."

Der Stadtpräfekt hat das alles schon im Voraus gewußt. Trotzdem heißt er den Vorstoß von Rodus gut – so ist wenigstens das Militärbudget gesichert.

Die Stadt hat genug Geld für andere Projekte aufzubringen. Da ist die Sanierung der Stadtbefestigung. Der Stadtpräfekt erinnert sich noch gut. Er war damals gerade dem Kindesalter entwachsen, als Kaiser Constantin den Ausbau der Stadtbefestigung befahl. Jetzt müssen nur noch die beiden Brückenhäuser* gebaut werden, dann kann er aufatmen. Was heißt aufatmen? Sicher werden wieder neue Kosten auf die Stadt zukommen.

Die mächtige Brücke, die von der Stadt hinüberführt an das andere Ufer der Mosella, ist von beiden Seiten frei zugänglich. Solange noch die Rheingrenze sicher verteidigt werden konnte, mußte man sich in der Stadt darüber keine Gedanken machen. Das war schon anders geworden, als Kaiser Constantin in der Stadt regierte. Er hätte die Brückenhäuser als erstes gebaut. Zwei mächtige Torhäuser sollten entstehen und den Zugang zur Stadt unmöglich machen. Aber es war immer wieder aufgeschoben worden.

Die Angler aus der Stadt hätten durch die Torhäuser keine Nachteile gehabt, denn sie konnten nach wie vor das Flußufer hinunterklettern und Fische fangen, mit denen sie ihre Familien versorgen konnten. Die gewerbsmäßigen Fischer hätten diese Tore gar nicht berührt, sie zogen mit ihren Schleppnetzen reichen Fang aus dem Fluß, der für sie ungehindert befahrbar war.

Vom Oberlauf der Mosella zogen immer wieder Flößer herab. Das Land dort war sehr waldreich und das Holz in der Stadt sehr begehrt. So sorgte der Fluß einerseits für eine florierende Fisch- und Holzwirtschaft, die Sperrung des Brückenüberganges hätte das andererseits nicht geändert.

Der Stadtpräfekt kann wirklich zufrieden sein mit Treveris. Um das zu dokumentieren, lädt er seine Honoratioren, zu denen auch Rodus gehört, öfter mal ein. Das ist eine Runde, da kann man seine Interessen schon einmal vortragen.

Um die Zungen zu lösen, hat der Stadtpräfekt immer Wein auf dem Tisch. Diesem wird kräftig zugesprochen. Ist es doch ihr eigener Wein. An den Hängen links und rechts des Flusses gedeiht der beste Wein, so ihre Meinung. Die Winzer aus der Stadt und entlang des Flusses sind sehr stolz auf ihre Kunst. Ihr Wein wird nicht nur in Treveris getrunken. Sie haben sich gemeinsam eine kleine Flotte angeschafft, mit der man den Wein in Fässern abgefüllt bis an den Rhein transportieren kann. Leider ist der Absatz gering, denn dort wo die Schiffe hinkommen, hat jeder seinen eigenen Wingert. Und für den Rhein sind die kleinen Schiffe nicht tauglich. Also wird an dem letzten anfahrbaren Hafen auf Fuhrwerke umgeladen, mit denen man das ganze Land bedienen kann. So sorgen auch die Winzer für den Wohlstand von Treveris. Ganz mutige Winzer gehen noch weiter, sie lassen ihre Kähne von Pferden gegen die Strömung ziehen. Das kurbelt das Geschäft richtig an.

Wie gesagt, der Stadtpräfekt ist zufrieden. Um seine Honoratioren bei Laune zu halten, hat er manchmal auch Neuigkeiten aus der weiten Welt für sie parat.

Heute sind das allerdings sehr bedenkliche; die neuesten Nachrichten aus Rom besagen, dass die Tore des Janustempels* nicht mehr betätigt werden und das Feuer im Vestatempel, das ewige Feuer, ist verloschen für immer. Die Anwesenden sind sprachlos. Hat sich Rom aufgegeben? Rom ist zwar nicht mehr die Hauptstadt, das sind Mailand und Constantinopel, aber das Reich ist immer noch das römische Reich. Das Symbol kann man doch nicht aufgeben! So fällt die Welt doch auseinander!

Andere wenden ein, Janus und Vesta sind doch heidnische Götter. Das Reich aber ist christlich! Jedoch dieses Argument ist nicht wirklich stichhaltig. Denn auch in Treveris sind noch nicht einmal mehr als die Hälfte der Menschen christlich getauft. Und in Rom selbst sind die Heiden deutlich in der Mehrzahl. Sie können doch nicht einfach aufgeben. Was soll nur aus unserem Land werden?

Wenn der Kaiser es aber so will! Die Diskussion wird hitzig und der Stadtpräfekt mahnt zum Aufbruch. Hoffentlich, so denkt er sich, kommt es bei uns nicht zu den Konflikten zwischen Heiden und Christen, wie man das von anderswo kennt.

Tatsächlich halten sich Heiden und Christen noch das Gleichgewicht. Den Sonntag* als Feiertag nämlich begehen schon alle gemeinsam.

Ihre Kultstätten führen sie trotzdem noch getrennt. Die Heiden pflegen immer noch den Mithraskult, aber mittlerweile im Verborgenen. Während die Christen, die früher ihre Kirchen außerhalb der Stadtmauern hatten, diese heute offen im Stadtgebiet ansiedeln. Hoffentlich bleiben auf diese Art und Weise die Konfessionen getrennt. Hoffentlich, denkt sich der Stadtpräfekt.

Und er hat schon wieder eine Neuigkeit, die er seinen Honoratioren verkünden will. Sie kommen, wie immer, sehr neugierig.

„Ich habe eine Neuigkeit," hebt er an, „sie ist fast unglaublich, sie kommt aus Griechenland. Elis hat verkündet, dass die heiligen Wettspiele von Olympia* nicht mehr stattfinden sollen."

Die Herren sind wieder sprachlos. Dann braust der Konflikt auf:

„Unsere alte Welt verschwindet. Daran sind nur die Christen schuld. Sie wollen immer nur Recht haben. Zum Erhalt unserer Gebräuche tun sie nichts."

Der Stadtpräfekt hat keine Wahl. Er wirft sie alle hinaus.

Auf der Straße hallt der Krawall noch lange nach.

Der Konflikt der Religionen hat seinen Höhepunkt erreicht. Der Stadtpräfekt weiß nicht mehr, was er tun soll. Er muß sich seine Honoratioren gewogen halten. Nur mit ihnen kann er Macht ausüben, die ohnehin nur auf die Verwaltung begrenzt ist. Die Truppen kann er nicht zu Hilfe rufen; seine Befehlsgewalt reicht nicht soweit.

Er darf nur ihren Sold aufbringen. Den Heermeister bestimmt der Kaiser. Auch Truppenstärke und Bewaffnung. Einsatz der Truppe nur durch den Kaiser. Und im Falle einer nötigen schnellen Reaktion der Truppen, entscheidet der Heermeister nach eigenem Gutdünken.

Wer braucht noch den Stadtpräfekten?

Auch Rodus leidet unter der Situation. Unfrieden schadet immer dem Geschäft. Rodus bittet seine Frau Lisita auf den Märkten zu erforschen, wie denn die Frauen, christlich oder heidnisch, diesen Konflikt erfahren und welche Position sie einnehmen.

Lisita kommt mit einer enttäuschenden Antwort zurück. Den Frauen sind die Streitigkeiten der Männer egal. Sie kümmern sich nur um die Marktpreise und hören die Geschichten anderer

Frauen über ihre Kinder, um das nächste Mal mit noch unglaublicheren Geschichten aufwarten zu können. Das war nicht das, was Rodus erwartet hatte.

Und wieder kommt eine Nachricht zum Stadtpräfekten. Diesmal aus Alexandria. Überbringer ist ein fahrender Händler, der um die Erlaubnis bittet, in Treveris Handel zu treiben. Die Nachricht klingt lapidar: in Alexandria haben Christen die Serapeion Bibliothek* niedergebrannt, deren Inventar mehr als zweihunderttausend Buchrollen betrug. Der Stadtpräfekt ist erschüttert. Erst haben Caesars Truppen in Alexandria die große Bibliothek niedergebrannt, und jetzt Christen die Serapeion Bibliothek. Ein unschätzbarer Verlust an kulturellen Gütern. Und das nur, um Macht zu zeigen oder aus religiöser Verblendung. Seinen Honoratioren kann er davon nichts erzählen, das würde nur zum Aufruhr in der Stadt führen.

Fast gleichzeitig erreicht ihn eine Nachricht des Kaisers. Es wird aber wirklich mal Zeit eine Meldung vom Kaiser zu erhalten.

Es handelt sich um das Konzil von Chalkedon*. Mit diesem Konzil, so der Kaiser, sollten die von

Constantin im Konzil von Nicaea erzwungenen Vereinbarungen bestätigt werden. Ohne das Beisein des Kaisers haben jetzt die Kirchenvertreter die alten Vereinbarungen bestätigt. Danach ist es nun endgültig: Der Mensch Jesus ist Gottgleich! Wer das leugne sei Häretiker. Jeder im Reich sei angehalten danach zu verfahren.

Jetzt muß der Stadtpräfekt handeln. Er lädt wieder ein. Seine Honoratioren kommen mit gespannter Erwartung. Sie merken schon, diesmal kommt etwas Ernsthaftes.

Der Stadtpräfekt trägt vor. Danach Stille. Der Versammlung hat es die Sprache verschlagen.

Rodus fasst sich als Erster:

„Aber das geht doch nicht. In Afrika folgen die Menschen den Lehren des Donatius. Und hier, vor unserer Haustür, folgen die Menschen den Lehren von Arius. Beide lehnen diese Verfügung ab."

Und ein anderer:

„Jetzt haben wir nicht nur Zwist unter Heiden und Christen, sondern auch Zwist unter den Christen selbst!"

Und wieder ein anderer:

„Afrika ist weit, was geht das uns an? Aber die Germanen stehen hier bei uns. Sie haben die Waffen. Was sollten wir dagegensetzen können?"

Sie reden alle durcheinander. Ratlosigkeit, Angst vor der Zukunft, Verzweiflung, Unbehagen, Machtlosigkeit beherrschen ihre Zungen. Dem Stadtpräfekten geht es nicht anders.

Rodus fasst sich wieder als Erster:
„Wir können die Andersdenkenden nicht reformieren. Dazu sind wir zu schwach. Aber wir könnten doch so tun, als wäre bei uns jeder auf der vom Kaiser erwünschten Bahn. Als wäre bei uns alles beim gleichen Glauben."
„Wie soll denn das gehen?"
„Ich habe gestern bei Lukas nachgelesen, wie Jesus geboren wurde. Wir feiern seinen Geburtstag* und laden die Germanen dazu ein."
„Werden sie denn auch kommen?"
„Sie werden! Denn ich habe bei Lukas auch gelesen, dass Jesu Geburt genau zu der Zeit war, zu der die Germanen ihre Wintersonnenwende feiern. Sie werden begeistert sein, dass wir dazu auch noch die Kosten übernehmen. Sie werden das Fest nie vergessen und alle Jahre daran denken."
Die Runde ist begeistert.

Auch der Kaiser ist zufrieden. Es dauert einige Jahre, bis man wieder von ihm hört.

Die Nachricht ist jedoch nicht gut: der Kaiser ist erkrankt. Er rechnet mit seinem Ableben. Um nichts zu versäumen habe er seine Nachfolger, seine Söhne Arcadius und Honorius zur Vervollständigung ihrer Ausbildung an einen Germanenfürsten übergeben: an einen Vandalen namens Stilicho.

Kapitel 8 Mittelalter

Der Bote tritt nach langem Weg aus dem Wald heraus und blickt hinunter auf ein weites Tal. Durch den Talgrund schlängelt sich ein munterer Bach an dem sich zu beiden Seiten Häuser gruppieren. Ein kleines Dorf, nur noch vielleicht zwei Wegstunden entfernt. Er ist diesen Weg im Auftrag seines Grafen schon oft gegangen. Auch jetzt wieder im Auftrag des Grafen, dem dieses Land gehört, um dem Schultheißen dieses vor ihm liegenden Dorfes eine Nachricht zu bringen. Er wird für seine Botengänge entlohnt. Nach einem festen Tarif, in Abhängigkeit von der Weglänge und der Schwierigkeit der Strecke. Der Graf hat ihn immer angemessen ausbezahlt, er kann von den Botenlöhnen leben.

Jetzt freut er sich schon auf das Zusammentreffen mit dem Schultheißen, denn dieser hat immer einen Becher Roten für ihn, der hier ganz besonders gedeiht. Das Haus des Schultheißen ist schon von Weitem gut zu erkennen. Es ist ein beachtlicher Steinbau, aus behauenem Sandstein, mit einem hohen Dach, gedeckt mit Schindeln. Dieses Haus steht fast in der Mitte des Dorfes. Rund um dieses Haus gruppieren sich eine Reihe von

Fachwerkhäusern, die sich die Handwerker und freien Bauern gebaut haben.

Auch der Pfarrer wohnt in solch einem Fachwerkbau. Seine kleine Kirche jedoch steht auf der anderen Seite des Baches. Es erhebt sich dort ein flacher Hügel, auf dessen höchster Stelle die Kirche erbaut ist. Das Haus Gottes ist so von allen Seiten gut sichtbar.

Ebenfalls auf der anderen Seite des Baches finden sich in gehörigem Abstand zur Kirche, und auch untereinander, zwei aus Steinen errichtete Langbauten, umgeben von jeweils einer ganzen Reihe von Blockhäusern. Die Blockhäuser sind mit Lehm verputzt, einige auch weiß gekalkt. Das sind die Höfe, die direkt dem Grafen gehören. Jeder der Höfe hat einen Hofmann, der für seinen Hof verantwortlich ist und nur dem Grafen untersteht. Die Bauern, die dort leben, sind Leibeigene des Grafen.

Die zwei Wegstunden sind für den Boten keine Mühe, und schon klopft er an die Tür des Schultheißen. Gleich wird ihm geöffnet und er wird freundlich empfangen. Man kennt sich. Der Schultheiß kommt ihm entgegen und führt ihn in die Stube. Noch bevor sie sitzen, stehen zwei gut gefüllte

Becher mit Rotem vor ihnen. Dem Boten kommt das gerade recht; der Schultheiß hält mit.

Das Gespräch beginnt mit dem Austausch von Höflichkeiten.

„Geht es dem Grafen gut?"

„Ist seine Familie wohlauf?"

„Wird die Burg gut gehalten?"

„Wie geht es in deinem Dorf?"

„Sind alle Bürger gesund?"

„Gab es hier nicht vor ein paar Wochen eine Hochzeit?"

„Ist die Braut glücklich?"

Der Graf ist an allem sehr interessiert, was in seinen Dörfern vor sich geht. Er möchte für alle seine Untertanen nur das Beste.

Endlich kommt der Bote dazu, sich seines Auftrages zu entledigen. Er berichtet:

„Der Graf hat beschlossen, dass die Zeit der Weinlese gekommen ist. Bei diesem schönen Herbstwetter solltet ihr nicht säumen, damit zu beginnen. Er wünscht euch eine reiche Ernte und einen guten Wein, so wie es in diesem Dorf bisher immer üblich war. Außerdem möchte er, dass ich mit euch eure Weinberge begutachte, weil er schon im

Voraus wissen möchte, welche Gült* er zu erwarten hat. Du kennst ihn ja – wir haben immer zusammen geschätzt und haben immer danebengelegen. Er aber kann nicht ab von diesem Ritual. Außerdem lässt er dir ausrichten, dass er zu eurer heurigen Kirchweih hierherkommen wird, um mit euch den Gottesdienst zu feiern."

Der Schultheiß ist hoch erfreut, heißt die Anwesenheit des Grafen doch, dass er für den Wein aufkommen wird. Und er ist nicht geizig. Zur Antwort gibt er dem Boten, er habe mit dem Beginn der Weinlese schon gerechnet, um diese Herbstzeit, bei diesem Wetter, müsse man ja damit anfangen. Er habe die Winzer dieses Dorfes schon aufgefordert, mit den Vorbereitungen zu beginnen.

Dann begibt er sich mit dem Boten in die Weinberge. Sie liegen alle an einem Südhang, von morgens bis abends von der Sonne beschienen. Die Rebstöcke sind gut gepflegt; eine Voraussetzung für die perfekte Reifung der Traube mit einem hohen Zuckergehalt. Dem Boten läuft bei diesem Anblick schon das Wasser im Munde zusammen.

Er sagt:

„Eure Weinberge stehen fast noch besser da, als all die Jahre zuvor. Ich werde dem Grafen davon berichten, aber bescheidener argumentieren als das, was ich hier sehe, rechtfertigen würde. Wenn das Ergebnis dann besser ausfällt, wird auch die Freude größer sein."

Tatsächlich hat der Schultheiß die beiden Winzer am Ort schon unterrichtet, dass er die Freigabe zur Weinlese tagtäglich erwartet. Sie haben also schon den Küfer aus dem Nachbarort geholt, damit er ihre Weinfässer inspiziere und ausschwefele. Das können nur erfahrene Leute.

Den Zustand ihrer Kelter haben sie selbst begutachtet, Reparaturen ausgeführt und eine Funktionsprobe unternommen. Ihre Marschwagen sind auch in Ordnung, jetzt brauchen sie nur noch eine angemessene Zahl von Helfern. Das ist Aufgabe des Schultheißen.

Der Schultheiß geht so vor, wie immer.er läßt im Dorf ausrufen " Helfer für die Weinlese gesucht ". Es melden sich immer welche, aber nie genug. Da ist er auf die Idee gekommen, auf die Höfe zurückzugreifen. Die Feldarbeit ist jetzt zu Ende, Frondienste stehen nicht an.

Da ist der Hof, der von dem Hofmann Roland und seiner Frau Lisa geführt wird. Das sind verständige Leute, immer zur Zusammenarbeit bereit.

Der Schultheiß bittet Roland um Mithilfe bei der Weinlese. Das ist immerhin eine bezahlte Arbeit. Roland weiß, dass Lisa besser informiert ist, über die wirtschaftliche Situation in den Familien der Leibeigenen, die sie als Grundlage für ihre Auswahl nimmt. Der Schultheiß ist noch nie schlecht gefahren mit den Vorschlägen von Lisa. So sind die Weinberge nach zwei Wochen vollständig abgeerntet, die Trauben gekeltert und der Most zur Reifung in den Fässern gelandet.

Die Kirchweih kann kommen.

Es verspricht ein goldener Oktober zu werden. Seltsamerweise haben alle umliegenden Dörfer ihre Kirchweih innerhalb der ersten zwei Oktoberwochen. So auch unser Dorf.

Der Graf, der versprochen hat, diesmal zur Kirchweih zu kommen, trifft schon früh am Tag ein. Er ist beritten und wird von einer kleinen Eskorte begleitet. Die Wälder sind nicht unbedingt sicher. Er besucht zuerst seine Höfe und lässt sich von den Hofmännern über das Ergehen der Höfe berichten, lässt sich die Herden zeigen, erneuert seine Freundschaft mit den Hofhunden, kurz und gut, informiert sich über alles, was ihm wichtig erscheint.

Bei Roland verweilt er etwas länger. Er vertraut ihm seinen Plan an, im nächsten Jahr in der Nähe des Dorfes einen Fischteich anzulegen. In Fronarbeit, deshalb soll mit den Arbeiten erst nach der Aussaat begonnen werden. Er weist Roland an, sich darauf vorzubereiten. Ferner soll Roland einen Platz finden, wo der Aushub abgelagert werden kann. Davon wird dann auch der Ort des Fischteiches abhängen.

Es wird Zeit für ihn, sich zum Kirchweih-gottesdienst zu begeben. Die Gemeinde ist schon versammelt, der Pfarrer wartet nur auf sein Kommen.

Ein Kirchweihgottesdienst dauert immer ziemlich lange. Es soll schon vorgekommen sein, dass leises Schnarchen zu hören war. Es läuft immer alles nach gleichem Muster ab und die Botschaft des Pfarrers ist immer die gleiche.

Endlich der Segen und die Verabschiedung der Gemeinde.

Die Menschen stürmen aus der Kirche hinaus und hinunter auf den Dorfplatz. Dieser liegt vor dem Hügel, auf dem die Kirche steht, entlang des Baches. Eine lange Tafel ist hier vorbereitet, die Leute nehmen ungeduldig Platz und warten, dass serviert wird.

Die Honoratioren folgen würdig und gemessenen Schrittes. Bevor sie nicht eingetroffen sind, kann der wichtigste Teil des Festets nicht beginnen.

Aus dem Nachbardorf kommen drei Musikanten, stimmen ihre Instrumente und spielen zum Tanz auf. Darauf haben die jungen Leute nur gewartet, sie stürmen den Tanzboden. Die jungen Mädchen haben sich besonders herausgeputzt. Vor allem die, die schon einen bestimmten jungen Mann im Auge haben. Je weiter der Tag fortgeschritten ist, umso ausgelassener wird die Stimmung.

Der Graf sammelt seine Eskorte und tritt den Heimweg an. Er weiß, das Fest wird noch bis Mitternacht weitergehen. Er weiß auch, dass nachher, nach der üblichen Frist, die Geburtenrate im Dorf steigen wird. Das ist ihm nicht unrecht, denn nur wenige der Neugeborenen werden das Erwachsenenalter erreichen.

Es ist Zeit, sich auf den Winter vorzubereiten. Ausreichend Brennholz muß gelagert werden, für haltbare Lebensmittel muß vorgesorgt werden. Auch auf den Köhler kommt eine arbeitsreiche Zeit zu. Er hat zwar schon alles Holz, das er für den erwarteten Bedarf benötigt, eingekauft und auch bezahlt. Und jetzt gilt es so viel Holzkohle zu erzeugen, wie das

Dorf benötigen wird und wie er benötigt um seine Kosten zu decken. Denn Martini steht vor der Tür. An Martini ist Schatzung* und Zehnt*.

Der Schultheiß hat beides schon eingezogen. Am Tag genau kommt der Amtmann* ins Dorf, begleitet von einer Zahl von Reisigen*, um das Geld abzuholen. Da das ganze Jahr über die Umsätze der Dorfbewohner genau aufgeschrieben wurden, weiß er wie viele Münzen er zu erwarten hat. Allein diese Zahl rechtfertigt die kriegerische Bedeckung, denn im Spätherbst sind zahlreiche Räuberbanden unterwegs.

Den Eintreibern des Zehnten geht es nicht anders. Sie liefern ihr Geld beim Bischof ab, der örtliche Pfarrer hat erstmal nichts davon. Er erhält später ein Almosen.

Die Leibeigenen haben kein Geld. Sie müssen Schatzung und Zehnt in Naturalien bezahlen. Den Hofmann Roland und seine Frau Lisa ärgert das immer sehr, denn die Leibeigenen haben nie genug Wintervorräte und müssen einen Teil davon auch noch an die Fürsten abgeben.

Die dunkle Jahreszeit birgt auch die Gefahr von räuberischen Überfällen, denn auch Räuber verspüren Kälte und Hunger.

Das Dorf ist auf der Hut. Trotzdem ertönt eines Abends, die Sonne ist schon untergegangen, vom Hof Rolands her, ein lautes Geschrei. Die Hofleute haben einen Räuber gefangen. Er hat ein Huhn gestohlen.

Roland schlägt vor, den Räuber vor den Pfarrer zu bringen. Er ist der Verständigste im Ort und wird Recht sprechen. Der Pfarrer ist ungehalten über die nächtliche Störung, aber er hört sich die Klagen genau an.

„Er hat dir also ein Huhn gestohlen?"

„Ja."

„Habt ihr das alle gesehen? Könnt ihr das alle bezeugen?"

„Ja."

„Wenn das so ist," so zu dem betroffenen Bauern, „dann hast du das Recht, ihm ein Ohr abzuschneiden."

Der Bauer hat sein Messer schon in der Hand, und ein Ohr ist weg.

Der Pfarrer belehrt den Räuber.

„Du bist jetzt gebrandmarkt. Noch ein Raub, und dir wird die Nase abgeschnitten. Beim nächsten wird dir ein Auge ausgestochen und schließlich wirst du gehängt."

Die Bewohner jagen den Räuber aus dem Dorf. Aber es hilft nichts. Viele Andere gefährden den Frieden der Bauern.

„Was sollen wir nur dagegen machen?" geht ein Raunen durch das Dorf.

„Es heißt, die Fürsten stehen im Bund mit den Räubern, um somit an ihrem Raubgut teilzuhaben."

„Ja, aber unserem Grafen traue ich das nicht zu."

„Wenn du nur recht hast!"

Kaum hat der Winter seine Kraft verloren, kommen Königsboten ins Dorf. Königsboten haben noch nie etwas Gutes gebracht. So auch diesmal. Sie treiben die Bewohner des Dorfes auf dem Dorfplatz zusammen und verkünden ihre Botschaft.

„Der König plant einen Feldzug..."

Roland unterbricht ihn:

„Wir haben hier zwei Grafenhöfe. Auf den Höfen sind nur Leibeigene des Grafen beschäftigt. Leibeigene sind seit jeher vom Kriegsdienst und der Heeresfolge befreit."

„Dann sollen sie gleich verschwinden," knurrt der Königsbote unwirsch, und beginnt von Neuem:

„Der König plant einen Feldzug. Es geht nach Süden, nach Italien. Der Papst hat ihn gerufen. Er hat

Angst vor den Langobarden, die nicht unseren Glauben haben. In Glaubensfragen ist unser König zu jedem Kampf bereit. Er hat dem Papst seine Hilfe zugesagt. Sein Heer ist stark genug, um den Kampf zu wagen. Nur der Tross muß beschützt werden – vor allem in Italien, wo es noch mehr Räuberbanden gibt, als hierzulande. Zwar schützt die Nachhut der Reisigen den Tross während des Marsches, aber nicht von der Seite und nicht während des Lagerns. Hier sucht der König mutige Männer, die, mit Knüppeln bewaffnet – richtige Waffen können sie sich doch nicht leisten – den Tross vor Raubüberfällen schützen. Ich habe den Auftrag aus diesem Dorf sechs kräftige Männer für die Schutztruppe zu rekrutieren. Wer will mit mir kommen?"

Eisiges Schweigen ringsum.

„Gut, dann werde ich sechs Männer auswählen. Du, du, du, du, du und du. Tretet heraus und schließt euch meinem Hauptmann an. Es geht gleich los. Wir müssen bald den König auf dem Marsfeld von Hagenau treffen."

Die Ausgewählten bekommen noch Zeit, ihre Sachen zu packen und sich von ihren Familien zu verabschieden und schon verschwinden die Königsboten wieder genauso schnell wie sie gekommen sind. Das Dorf bleibt in bedrückter

Stimmung zurück. Roland berichtet Lisa von dem Vorfall. Lisa ist empört.

„Ausgerechnet die kräftigsten Burschen mußten sie mitnehmen. Sie werden bei der Aussaat fehlen. Nach aller Erfahrung sieht man diese Männer nur selten wieder. Und wenn doch, dann sind sie verroht und zu nichts mehr zu gebrauchen. Wenn nur der König endlich von seinen Feldzügen Abschied nehmen würde."

„Aber der Papst hat ihn doch gerufen!"

„Ach der Papst! Der Papst macht es sich einfach. Er hat auch keine Felder zu bestellen."

„Wenn es doch aber um Glaubensfragen geht!"

„Ach was! Glaubensfragen. Wir beten doch alle zu demselben Gott. Da ist es doch gleichgültig, ob einer so herum oder so herum denkt."

„Schweig still, Weib!", fährt Roland dazwischen. „Du weißt, solche Rede kann dich auf den Scheiterhaufen bringen."

Die Zeit der Aussaat rückt heran. Saatgut ist genug vorhanden. Doch bei der schweren Arbeit des Pflügens fehlen die sechs kräftigen jungen Männer, die zum Mitgehen auf den Feldzug des Königs nach Italien gezwungen worden waren. Die Dorfbewohner haben dieses im Gedächtnis; mit ohnmächtiger Wut. Und wenn der Herbst kommt, werden alle wieder dastehen und ihren Anteil haben wollen. Recht und Unrecht ist denen dabei völlig gleichgültig.

Die Dorfbewohner kommen ins Schwitzen. Die Aussaat geht wirklich langsam voran. Hatte der Graf nicht angekündigt, er würde zum Ende der Aussaat da sein, um über die Arbeiten für einen Fischteich zu entscheiden?
Der Graf verspätet sich und so kommt er tatsächlich zum Ende der Aussaat. So wie es sich jetzt ergeben hat, fällt tatsächlich nichts auf.

Der Graf, der wieder eine Eskorte dabeihat, kommt zuerst zum Schultheißen. Dort erkundigt er sich über den Stand der Dinge im Dorf. Der Schultheiß schildert ihm alles in den schönsten Farben. Von ihren Problemen erzählt er nichts. Hoffentlich können die anderen alle ihren Mund halten.
Schließlich wird Roland gerufen. Er soll den Platz zeigen, der für die Lagerung des Aushubs vom Fischteich geeignet ist. Der Graf und seine Eskorte sitzen zu Pferde; Roland geht zu Fuß. Die Pferde seines Hofes haben gerade Wichtigeres zu tun.

Da ist eine flache Senke, die sich von oben her vom Waldrand hinunterzieht bis zum Bach. Roland sagt, wenn man diese Senke auffüllen würde, könnte man in einigen Jahren dort Wein anbauen.

Der Graf stimmt dem zu. Er beauftragt ein Mitglied der Eskorte, von dem er weiß, dass dieser des Rechnens kundig ist, zu überschlagen, wieviel Erdreich man brauche, um die Senke zu füllen und wie groß dann der Fischteich werden würde. Die Zahlen passen zusammen. Der Graf beschließt, genauso zu handeln.

Jetzt müssen noch die Leibeigenen ausgewählt werden, die diese Arbeit tun. Eigentlich wollte das Lisa machen, denn sie weiß am besten, wer von allen mal wieder richtig kräftige Kost zu sich nehmen sollte.

Der Graf kommt ihr zuvor. Er wählt natürlich die Kräftigsten. Und er wird sie auch mit kräftiger Kost versorgen. Fleisch, Getreidebrei, Bohnensuppe, Wein und Brot. Bezahlung wird es natürlich nicht geben. Der Schultheiß, so wird beschlossen, soll die Arbeiten überwachen und regelmäßig Bericht erstatten.

Als sich der Graf vom Schultheißen verabschiedet, kommt ihm noch eine Idee. Man könnte hier am Haus des Schultheißen doch ein Badhaus anbauen.

Hier wäre auch der richtige Platz dafür. Die Arbeiten könnte er in Frohn ausführen lassen, das Material müßte er natürlich kaufen. Und für jeden Badegang müßte ein Pfenning an ihn bezahlt werden.

Frohgemut über diesen Einfall, tritt er den Weg nach Hause an. Er wird auch gleich einen Baumeister mit der Planung des Badhauses beauftragen.

Es ist Sonntag. Bischof und König haben verfügt, dass jeder Bürger am Sonntag in die Kirche zugehen hat. Die Pfarrer achten sehr eifersüchtig auf die Einhaltung dieser Vorschrift. Sie denken dabei an den Klingelbeutel. Und die Obrigkeit hat jetzt die Verpflichtung, jedem Dorf, das eine Kirche hat, auch einen Pfarrer zur Verfügung zu stellen. Was den Pfarrern wieder weniger gut gefällt, denn so mancher von ihnen hat zwei oder sogar drei Dörfer zu versorgen.

Unser Pfarrer hat mit seinem Dorf genug zu tun. Jetzt steht er auf der Kanzel, und bemerkt von hier aus, dass einer der Gläubigen fehlt. Er ruft einen kleinen Jungen auf, und befiehlt, er solle den fehlenden Menschen holen. Derweil unterbricht er seinen Gottesdienst.

Der Junge kehrt zurück und sagt, der fehlende sei krank.

„Dann werde ich nach ihm schauen," sagt der Pfarrer, und fährt mit seinem Gottesdienst fort. Am Ende der Messe gehen die Leute nicht gleich nach Hause. Nur der Pfarrer verlässt die Kirche, um nach dem Kranken zu schauen. Er hat einige medizinische Kenntnisse, die ihn dazu befähigen. Nicht viele, aber für seine robuste Landbevölkerung reicht's.

Ab und zu kommen einige fahrende Bader durch das Dorf, denen er etwas abschauen möchte. Nur sehr viel Neues erfährt er da nicht. Und an das Zahnbrechen traut er sich nicht heran.

Er findet den Kranken mit Fieber im Bett liegen. Er legt ihm seine Hand auf die heiße Stirn, und entscheidet, dass ein paar kalte Wadenwickel ausreichend seien. Seine Frau soll sie ihm machen.

In die Kirche zurückgekehrt, sind die Männer in hitziger Diskussion über einen Vorfall im Dorf in der vergangenen Woche. Derweil singen und tanzen die Frauen in der Nähe des Eingangs und werden dabei immer ausgelassener. Das steckt an. Ein Bauer verlässt die Runde und kehrt mit einem Krug Wein zurück. Jetzt beteiligen sich alle an der Aufgabe, den Krug zu leeren. Nach einer Weile kehren alle vergnügt nach Hause zurück, genießen ihr Mittagessen und schauen nochmal nach den Tieren im Stall. Auch der Pfarrer kehrt nach Hause zurück und erwartet von seiner Haushälterin einen gedeckten Mittagstisch.

Einige Tage später wird der Pfarrer von einem Bauern geholt, der eine notarielle Dienstleistung benötigt. Den Pfarrer überrascht das nicht, ist er doch der Einzige im Ort, der lesen und schreiben kann. Ohne dieses Wissen, könnte er seinen Beruf nicht erlernen und auch nicht ausüben. Nicht einmal der Schultheiß kann lesen und schreiben.

Der Bauer erklärt, er habe bisher, neben anderen Dingen, Schweinezucht betrieben. Das wolle er jetzt aufgeben und seine Zuchtsau verkaufen. Er habe auch einen Käufer, dieser wolle nicht nur eine mündliche Abmachung, sondern schriftlich beglaubigt haben, dass die Sau ihr Geld wert sei. Der Pfarrer lädt also beide Bauern ins Pfarrhaus ein und setzt einen ordentlichen Kaufvertrag auf, mit der wichtigsten Passage: Gesundheit und Zuchtfähigkeit der Sau. Er liest das den Bauern langsam vor, diese unterschreiben dann jeder mit drei Kreuzen, vom Pfarrer beglaubigt.

Normalerweise verstehen sich die Dorfbewohner mit ihrem Pfarrer ganz gut. Nur an Martini ändert sich das. Der Pfarrer stapelt den Zehnten in der Küche und die Bauern sind sauer, wenn sie sehen, wie viel er hat und das vergleichen mit dem Wenigen, was ihnen bleibt.

Zu Beginn der Erntezeit muß der Pfarrer dann, dem Schultheißen dienstbar sein für eine Mitteilung an den Grafen.

Nachricht an den Hochwohlgeborenen, Durchlauchtesten Grafen von …. und so geht das schwülstig weiter. Was gesagt wird ist einfach: mit Beginn der Ernte können die Arbeiten am Fischteich nicht mehr fortgesetzt werden. Der Graf wird grummeln, aber gegen die Ernte kann er nichts machen.

Der Bote des Schultheißen ist noch nicht zurück, da erscheint ein Reiter des Grafen, der sich davon überzeugen soll, dass die Ernte wirklich begonnen hat. Gleichzeitig hat er Entwürfe von dem geplanten Badhaus dabei, die der Schultheiß beurteilen soll.

Das Jahr nimmt seinen Lauf. Ernte, Erntedank, Kirchweih, Martini.

Kaum ist der erste Schnee gefallen, da kommen zwei der zum Kriegszug gezwungenen jungen Burschen zurück. Sie werden vom ganzen Dorf wie Helden umringt.

„Wo kommt ihr her? Wo wart ihr? Was ist mit den anderen Vieren? Habt ihr gesiegt? Los, erzählt!"

„Gebt uns erst etwas zu trinken, dann können wir eure Fragen beantworten."

Das ganze Dorf wartet gespannt darauf, dass die Becher leer werden.

„Also wir waren genau wie angekündigt in Italien. Einer von uns sechsen ist mit einer Marketenderin durchgebrannt. Von den anderen dreien wissen wir nichts.

Wir mußten über hohe, schneebedeckte Berge steigen. Je weiter nach Süden wir kamen, desto besser wurde das Wetter. Und je tiefer wir von den Bergen hinunterstiegen, desto räuberischer wurden die Bewohner des Landes. Von den Reisigen, beritten oder zu Fuß, des Königs, haben wir nie etwas gesehen. Wir waren mit der Bewachung des Trosses alleine auf uns gestellt. Obwohl wir fast in Legionsstärke antraten, ist es uns nicht gelungen, alle räuberischen Überfälle auf den Tross zu verhindern. Dafür haben wir dann die umliegenden Dörfer geplündert.

Schließlich kamen wir in eine weite Ebene, wo wir halt machen mußten. Dort kam es zur Schlacht, die unser König mit Bravour gewann. Die Feinde mußten unsere Bedingungen annehmen. Es ging um Glaubensfragen. Die Feinde waren auch Christen, sie glaubten an Gott, an Jesus und den Heiligen Geist, aber in anderer Weise als wir. Nachdem wir gesiegt hatten, verlangte der Papst, dass sie unseren Glauben annehmen sollten auf ewig.

Das schworen sie auf ewig. Damit war der Krieg zu ende.

Jetzt glauben wir alle das Gleiche. Es wird nie wieder Krieg geben. Die Verheißung aus der Bibel: Frieden auf Erden, ist endlich wahr geworden."

Nachwort

Das Mittelalter kann man datieren auf die Zeit von 500 n.Chr. bis 1500 n.Chr. . Dazwischen liegen tausend Jahre.

In diesen tausend Jahren gibt es mancherlei Veränderungen in Europa – einen Zeitraum von tausend Jahren ohne Veränderungen kann man sich nicht wirklich vorstellen. Sei es das Münzwesen, sei es die Kriegstechnik, seien es Gepflogenheiten im Handel, seien es Veränderungen in den Regierungsformen von Staaten. Solche Veränderungen taugen allerdings nicht zur Benennung von Epochen. Was dann?

Um 500 n.Chr. wurde der Frankenfürst Chlodwig christianisiert. Er war zu dieser Zeit der mächtigste Herrscher des Abendlandes, der Erbe Roms. Als Germane, so ist zu vermuten, hätte er sich den Arianern anschließen müssen. Er trat jedoch der römisch, katholischen Glaubensgemeinschaft bei, deren Führer der Papst war. Warum das?

Das Netz der Bischöfe, das die römische Kirche über Europa gespannt hatte, war schon sehr dicht. Dieses Netz beabsichtigte Chlodwig zu benutzen, um seine Königsmacht über das gesamte Reich auszubreiten. Auch der Papst hatte davon Vorteile. Die Macht des Königs strahlte auf ihn zurück. Unter dem Schirm dieser Macht konnte das Papsttum nach eigenem Gutdünken schalten und walten, wie es wollte. Die Vereinigung von weltlicher und kirchlicher Macht leistete der nun folgenden Theokratie Vorschub. Diese Theokratie hatte ungebrochen Bestand über die gesamte Periode, die wir Mittelalter nennen.

Dabei gelang es dem Papsttum immer mehr, entscheidenden Vorsprung in der Machtausübung der Theokratie zu erreichen. Die Auswüchse dieser Machtvollkommenheit sind jedermann bekannt. Unter der Vorgabe der Nachfolge Jesu, wurde das wichtigste Element der Botschaft Jesu, die Nächstenliebe, von der Papstkirche mit Füßen getreten.

Tausende von Menschen fielen diesem ungehemmten Machtmissbrauch zum Opfer. Aufgeklärtere römisch, deutsche Kaiser, wie der Salier Heinrich IV oder der Staufer Friedrich II versuchten gegen diesen Machtwahn anzugehen. Ohne Erfolg.

Erst einem kleinen Mönch aus Wittenberg, Martin Luther, gelang es unter der schirmenden Hand seines Kurfürsten Friedrich dem Weisen, die Macht der römischen Kirche zu brechen. Sein ‚Nein' 1521 auf dem Reichstag zu Worms, beendete das Mittelalter und machte den Weg frei, für Reformation und Aufklärung.

Reformation und Aufklärung wäre der Titel der nächsten Episode gewesen. Da meine Kompetenz für dieses Thema nicht ausreichend ist, habe ich beschlossen, von dessen Bearbeitung Abstand zu nehmen.

Anhang

Kapitel 1. Jungsteinzeit

Zeit: Frühes Endpaläolithikum,

 ca. 40 000 Jahre vor unserer Zeitrechnung

Ort: An einem Nebenfluß der oberen Donau

Kapitel 2. Jungsteinzeit

Zeit: Frühneolithikum,

ca. 5000 Jahre vor unserer Zeitrechnung

Ort: Vorderpfalz

Leitfossil: Linearbandkeramik

Kapitel 3. Bronzezeit

Zeit: ca. 1700 Jahre vor unserer Zeitrechnung

Ort: Mesopotamien, eine große Stadt am unteren Euphrat

Erdpech: Erdöl, stand in Senken manchmal schon an der Oberfläche an

Inana: Akkadisch Ischtar

Baktrien: heute Afghanistan

Großer Fluß: gemeint ist der Indus

Meluchcha: heute Karachi

Mari: heute Abu Kemal, Grenze zwischen Irak und Syrien

Dilmun: heute Bahrein

Hatti: Land der Hethiter in Zentralanatolien

Phönikien: heute Levanteküste

Aŝipu/Aŝu   Beschwörungspriester/ Wundarzt

Mammitu:	Krankheit (eingebildet?) im Bauchraum
Gesetzestafeln:	gemeint ist die Stele des Hammurapi
Pitöi:	Vorratsgefäße aus gebranntem Ton, Inhalt mehr als 1 Kubikmeter

Kapitel 4. Eisenzeit

Zeit:	600 Jahre vor unserer Zeitrechnung (Hallstattzeit)
Ort:	Gipfellagen des Heiligenberg bei Heidelberg
Großer Strom	gemeint ist der Rhein
Äußerer Ringwall:	am Osthang des Berges ist heute noch ein einige Meter langer Schutthügel erhalten
Innerer Ringwall:	nichts erhalten
Ritualschacht:	erhalten
Brunnen:	Bittersbrunnen, eingefallen, aber erhalten

| Massalia: | heute Marseille |

Kapitel 5. Hellenismus

| Zeit: | Übergang 3. auf 2. vor-christliches Jahrhundert |
| Ort: | Rhodos |

Statue:	gemeint ist der Koloss von Rhodos
Pharos:	Leuchtturm, Höhe ca. 180 m
Parmenides:	Philosoph, 600 Jahre vor unserer Zeitrechnung
Markttor von Milet:	heute aufgebaut im Vorderasiatischen Museum in Berlin
Laokoongruppe:	heute im Vatikan in Rom
Thero:	heute Santorin

Kapitel 6. Antike

Zeit:	Regierungszeit des Kaisers Claudius (41 -54 n.Chr.)
Ort:	Rom
Aedilen:	Vorgesetzte aller Ordnungs-kräfte
Vigilien:	Feuerwehr
Britannien:	erobert im Jahre 47 n.Chr.
Sicca:	kleiner Dolch
der vorige Kaiser:	Caligula (37 – 41 n.Chr.)
seine Untaten:	Missachtung des Senats, Verwahrlosung der Städtischen Einrichtungen
Judenausweisung:	so geschehen 50 n.Chr. (im gleichen Jahr beginnt der Apostel Paulus seine Missionsarbeit)
4 Uhr:	in Rom die zehnte Stunde, da der Römer um 6 Uhr morgens aufsteht

12 Tafelgesetz:	aufgestellt 451 v. Chr. (gültig bis Justinian 550 n.Chr.)
Saturnalien:	eine Art Karneval am 27. Dezember
Pompa Funebris:	Trauerzug

Kapitel 7. Spätantike

| Zeit: | Kaiser Theodosius I (347 - 395 n.Chr.), Kaiser ab 379 n.Chr. |
| Ort: | Trier |

Augustus:	Titel für den amtierenden Kaiser
Caesar:	Titel für den Nachfolger
Treveris:	Trier
Janus Tempel:	Tore geöffnet bedeutet Rom ist im Krieg; Tore geschlossen bedeutet es ist Frieden in der römischen Welt

Sonntag:	Feiertag seit 312 n.Chr. (eingeführt von Constantin)
Olympia:	letzte Spiele 394 n.Chr.
Brand Serapaion:	so geschehen 290 n.Chr.
Chalkedon:	liegt gegenüber Istanbul, Konzil 381 n.Chr.
Weihnachten:	erstmals gefeiert 388 n.Chr.
Brückenhäuser:	wurden nie realisiert

Kapitel 8. Mittelalter

Zeit:	Periode der karolingischen Könige vor der Reichsteilung
Ort:	irgendwo im Odenwald
Gült:	Anteil des Grafen in Geld oder Naturalien an einem Geschäft
Schatzung:	Steuern für den Grafen
Zehnt:	Abgaben für die Kirchen

Amtmann:	Vertreter des Grafen und höchster Beamter
Reisige:	Krieger, die ständig unter Waffen stehen

Im Verlag Books on Demand BoD sind bereits erschienen

Gedanken

Wolfgang Georg

Das vorliegende Buch befasst sich mit Meinungen und Fragen zu Themen der Zeit. Warum denn das? werden Sie sich fragen. Dazu gibt es doch längst allgemein anerkannte Meinungen. Ja, wäre meine Antwort! aber das sind Lehrmeinungen. Politisch motivierte Lehrmeinungen, denen sich jeder leicht anschließen kann. Wenn man sich näher mit den Themen der Zeit befasst, kommt man sehr schnell zu Abweichungen von der allgemeinen Lehrmeinung. So ist es mir gegangen als ich meine Gedanken niederschrieb. Ich erwarte nicht, dass Sie, der Leser und die Leserin sich meinen Gedanken anschließen, aber neue Impulse auf Ihre Weltsicht erhoffe ich mir schon. Erscheinungsdatum: 17.04.2020

Paperback, 116 Seiten

ISBN-13: 9783751917681

Fabulae

Märchen und Erzählungen

<u>Wolfgang Georg</u>

Während eines Urlaubs irgendwo in Frankreich hatte Sylvie eine tolle Idee. Sie war der Meinung, ich könnte ihr doch jeden Abend eine Gutenachtgeschichte erzählen. So entstanden anregende Geschichten, die man auch Märchen nennen kann. Nach jedem Märchen wuchs die Lust zum weiteren Fabulieren, sodass aus den Märchen bald Kurzgeschichten wurden. Nach und nach verloren die Geschichten ihren märchenhaften Charakter und fanden Bezug zur Realität, aber nicht vollständig. Der Leser entscheide selbst, was er für möglich hält und was nicht. Bemerkenswerte Episoden aus Reisen in ferne Länder runden die Erzählungen ab, die jetzt endgültig in der Realität angekommen sind. Erscheinungsdatum: 16.05.2019

Paperback, 216 Seiten

ISBN-13: 9783735719607

... und plötzlich war alles ganz anders!

Kurzgeschichten und Reiseskizzen

Wolfgang Georg

Das vorliegende Buch befasst sich mit Meinungen und Fragen zu Themen der Zeit. Warum denn das? werden Sie sich fragen. Dazu gibt es doch längst allgemein anerkannte Meinungen. Ja, wäre meine Antwort! aber das sind Lehrmeinungen. Politisch motivierte Lehrmeinungen, denen sich jeder leicht anschließen kann. Wenn man sich näher mit den Themen der Zeit befasst, kommt man sehr schnell zu Abweichungen von der allgemeinen Lehrmeinung. So ist es mir gegangen als ich meine Gedanken niederschrieb. Ich erwarte nicht, dass Sie, der Leser und die Leserin sich meinen Gedanken anschließen, aber neue Impulse auf Ihre Weltsicht erhoffe ich mir schon. Erscheinungsdatum: 17.04.2020

Paperback, 116 Seiten

ISBN-13: 9783751917681